HOKOUSAÏ

ART ET ESTHÉTIQUE

HOKOUSAÏ

PAR

HENRI FOCILLON

Chargé du cours d'Histoire de l'Art moderne
à l'Université de Lyon.

AVEC 24 PLANCHES HORS TEXTE

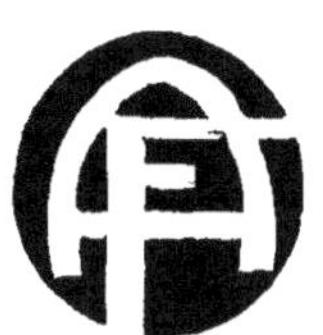

PARIS

LIBRAIRIE FÉLIX ALCAN

108, BOULEVARD SAINT-GERMAIN, 108

1914

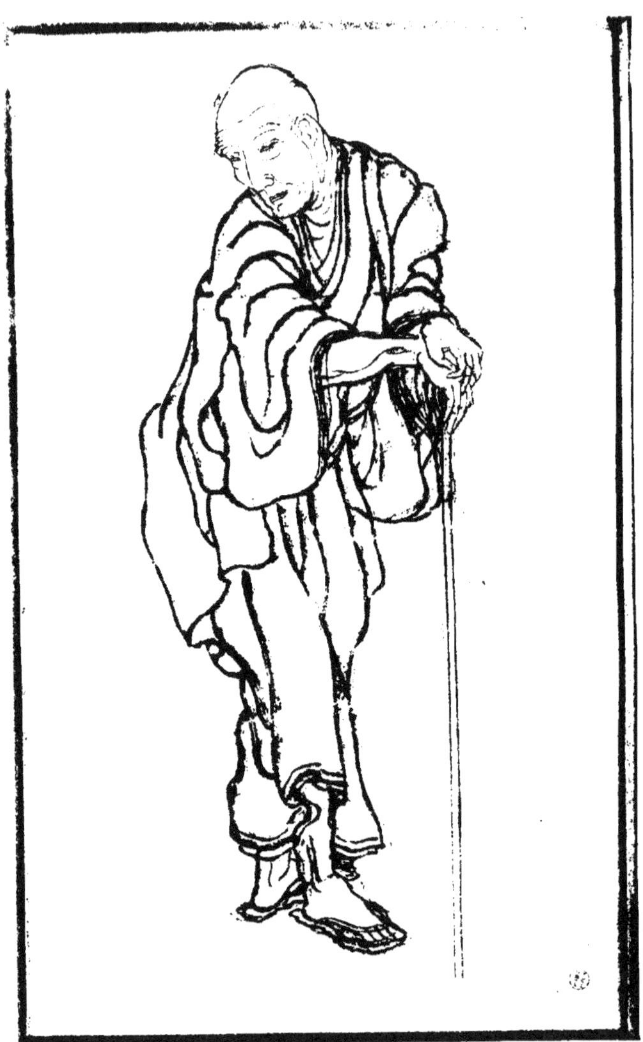

PORTRAIT D'HOKOUSAÏ PAR LUI-MÊME
(Dessin donné au Louvre par M. Vever.)
(Page 94.)

HOKOUSAÏ

INTRODUCTION

L'interprétation de l'espace. — La technique de la peinture. —
La technique de la gravure et l'impression. — Les valeurs
morales. — L'Ecole vulgaire. — Hokousaï et ses historiens.

L'Occident demande aux arts graphiques une image
du relief et de la profondeur : dans la représentation
des formes, il donne une place prépondérante au modelé
des masses, qu'il obtient par une répartition harmonieuse
de l'ombre et de la lumière. Même chez les maîtres les
moins sollicités par l'effet, le dessin n'est pas une simple *limite*, il s'accompagne d'une gamme de valeurs. La
peinture aborde de front les problèmes de l'espace et
n'en simplifie pas les données. Sur la toile, sur le panneau de bois ou de cuivre, même sur l'enduit des fres-
quistes, elle montre des volumes, et non des surfaces.
Sans doute son but n'est pas de faire croire que les
êtres ou les objets peints « sortent du cadre », mais ils
doivent se détacher sur l'horizon et sur le terrain et,
selon les plans où ils sont établis, présenter un relief
proportionnel à leur éloignement.

L'art peut déterminer ce relief par des procédés qui n'empruntent rien aux lois de la lumière, mais il y parvient d'ordinaire en faisant jouer les ombres. L'éclairage qui frappe les masses n'est ni contingent ni absolu. Il est déterminé, il est relatif. Il dépend de l'heure et de l'état du ciel: et c'est peut-être par ces nuances que les Occidentaux communiquent leurs suggestions les plus délicates. Grâce à elles, l'univers, dans leurs œuvres, se présente comme un système de volumes concrets, baignant dans un milieu analogue à l'espace.

La fiction du relief, l'étude de la lumière ont donné lieu à des effets d'une intensité arbitraire, l'air s'est épaissi autour des formes. Puis, par réaction, la peinture s'est dépouillée de cette nuit artificielle pour faire place aux franchises torrides du plein soleil. Mais, même sous un jour ardent et direct, les choses ne sont pas de purs profils et les ombres les plus reflétées restent des valeurs nettement distinctes des lueurs les plus calmes.

L'emploi de certaines matières aida nos maîtres à la conquête de l'atmosphère. Depuis le XVe siècle, ils mêlent de l'huile à leurs couleurs, qui sont des terres ou des composés métalliques. Tant qu'ils ignorèrent l'usage de l'huile, ils redoutèrent de peindre des ombres, car elles eussent été trop sourdes et trop noires: cet élément nouveau leur permit d'en éviter l'opacité. Il suffisait de peu de couleur dans beaucoup d'huile pour les avoir vibrantes et intenses. Les vernis et les résines firent

briller à la surface des œuvres un lustre qui ôtait à la
nuit ce qu'elle pouvait avoir de rêche et de pesant.
La peinture profonde naquit de la transparence du ton.

Entrons au Louvre, essayons d'emporter de notre
promenade, non le souvenir de nos préférences, mais,
s'il est possible, une impression d'ensemble. Les murs des
galeries semblent percés de baies par lesquelles s'impose
à nos yeux une nature plus audacieusement concrète et
plus puissante que la vraie. Dans l'ouverture des cadres
aux reliefs éclatants apparaissent des divinités, des héros
et des saints dont l'anatomie musculeuse ferait éclater
la pâle nudité des vivants. La formidable beauté d'Antiope rayonne comme une statue d'or. D'un fond de
ténèbres voluptueuses ou terribles se détachent des
amours ou des batailles où craquent les membres des
hommes. Des grappes effrayantes d'athlètes s'accrochent
aux corniches des plafonds vénitiens et semblent suspendues sur nos têtes. L'humanité de Rembrandt emprunte à l'ombre qui la baigne, non un voile pour se
dissimuler, mais une sorte de mystère étincelant qui
accentue et qui fait palpiter le relief des visages. Les
aspects de la nature sont bâtis comme des palais. La
limpidité de l'horizon lui dénie toute limite, et la nuit
des bois s'enfonce sous les ramures avec une profondeur
inouïe. Ainsi notre peinture est toute densité, puissance et richesse. Elle procure à l'œil des impressions
presque tactiles et, dans la matière onctueuse dont elle
est faite, elle installe, non de fuyantes apparences,
mais des solides. Et quand elle veut nous suggérer ce

qu'il y a de plus passager et de plus nuancé dans la beauté du monde, elle n'échappe pas à la nécessité d'exprimer les trois dimensions de l'espace, elle ne peut que modifier l'ambiance atmosphérique et le système lumineux où sont plongés les corps.

Telles sont les habitudes auxquelles l'art d'Europe a discipliné notre vue et notre goût. Les dernières années du xixe siècle nous ont apporté la révélation d'un art lointain, conçu d'après des principes tout différents, pourvu d'un outillage et de procédés éprouvés par une expérience séculaire. Ce fut la découverte d'un monde. Faits à la plénitude des pâtes et à la transparence des glacis, à de saisissants reliefs, à de dramatiques effets, à une enquête psychologique complète et subtile, nous ne vîmes d'abord dans l'art japonais qu'un réseau de charmantes arabesques, purement décoratives. C'étaient des hommes et des femmes drapés dans d'élégantes robes, historiées de fleurs, d'oiseaux et de monstres, des acteurs, des courtisanes, que l'unité calligraphique de leur silhouette et la hardiesse délicate du ton enlevaient sur un fond de soie ou de papier toujours visible. Les paysages aux grandes lignes simples, traversés par de longues bandes de nuages, nous semblèrent de pures indications topographiques presque exclusivement linéaires, sans solidité, mais non sans poésie. Pareils à l'aveugle opéré, nous étions heureux de voir la lumière, mais nous ne pûmes d'abord connaître cet univers que comme une association de lignes et de tons combinés sur le même plan, analogues aux dessins d'une étoffe.

On nous apprit que ces rouleaux de soie ornés (et non couverts) de légères peintures, que ces harmonies à la fois chatoyantes et calmes étaient l'œuvre d'un peuple industrieux, raffiné, ami des sports et des vertus militaires, habitant des maisons de bois et de papier, sans relief architectural, simples, claires et propres. Sur les murailles fragiles, les kakémonos et les estampes n'étaient exposés qu'à de rares intervalles, à l'occasion de quelque solennité domestique, pour réjouir la vue des hôtes. Alors les stucs épais, les dorures, les plâtres bariolés de nos demeures nous parurent à la fois pesants et vulgaires, ainsi que la permanence des trous d'ombre et de clarté ou des saillants agressifs qu'y déterminent les tableaux, sertis de bordures énormes, sans unité décorative. Les œuvres japonaises nous étaient révélées à l'époque où des génies audacieux réagissaient contre les harmonies traditionnelles des maîtres, durcies par le temps ou devenues fumeuses. A partir de l'exposition universelle de 1878, les leçons de l'art japonais aidèrent dans une certaine mesure nos peintres à renouveler leur inspiration et nos habitudes visuelles.

Depuis ce temps, il n'a cessé d'être étudié et aimé. Nous savons que ses manifestations les plus familières à l'Europe et les mieux connues ne représentent qu'un aspect de son histoire. Il restait encore trop loin de nous pour que les méthodes surannées des philosophes de l'art pussent avoir directement prise sur ses chefs-d'œuvre et nous en improviser l'équation sociologique et ethnique. On demeure pénétré de reconnaissance pour les amateurs intelligents, malhabiles à jouer de ces généralités, qui, comme l'admirable Edmond de Goncourt, se sont limités à des études bibliographiques et à des classements, quelque incomplets ou même inexacts qu'ils puissent être. Si nous voulons aller plus loin, si nous tenons à comprendre l' « esprit » d'un art qui, tout en charmant notre goût, déconcerte encore sensiblement nos habitudes, nous ne devons accorder qu'une confiance limitée aux artifices du langage historico-psychologique et aborder directement les problèmes techniques, comme s'il s'agissait d'un anonyme sans patrie et sans âge, qu'il importe d'abord de décrire. Alors peut-être pourrons-nous surprendre en lui quelques aspects de ces « vérités éternelles » qu'un maître comme Burckhardt distinguait avec soin des éléments secondaires sur lesquels se greffent si volontiers les souvenirs de nos lectures et le lyrisme de notre imagination.

I

En comparant les arts graphiques au Japon et en Europe, on est tenté de répéter après quelques auteurs que les maîtres de l'Extrême-Orient ont négligé la troisième dimension et que c'est là le caractère le plus significatif de leur manière. A la vérité, ils l'ont interprétée d'une certaine façon, opérant une réduction de l'espace dont les résultats sont rarement arbitraires. Pour s'en rendre compte, rien n'est plus utile que d'étudier les procédés par lesquels ils ont résolu ou tourné les problèmes de la perspective linéaire et de la perspective aérienne.

L'art japonais n'a pas été le moins du monde, comme on le croit d'ordinaire, hostile au mouvement dans le dessin des figures et dans la représentation des forces naturelles. La détente des grands fauves qui bondissent sur leur proie, l'élan peureux des biches, le coup de queue du poisson qui remonte à la surface des rivières, plus tard le jeu frénétique et la dépense de gestes des acteurs, avec la renaissance du drame national, l'ont ardemment sollicité sans le trouver inférieur à la tâche de les exprimer. Il répugnait aux artifices que l'ignorance des primitifs occidentaux avait inventés pour symboliser les formes, par exemple l'étrange déviation du corps qu'implique la *loi de frontalité* dans l'art égyptien. Il s'est hardiment attaqué à une synthèse graphique dont la beauté le passionnait, à laquelle la plastique décorative, le modelé des terres et des grès l'avaient dès longtemps préparé. Il possédait une connaissance intime et expressive des tensions, des raccourcis et des crispations musculaires, comme aussi des mouvements gracieux et des belles courbes du corps féminin. Nulle part on ne sent en lui la gaucherie d'un peuple qui se refuse à traduire certaines manifestations de la vie, parce qu'elles sont trop audacieuses pour son ignorance. Et si nous considérons son évolution historique, nous devons constater, tout en tenant compte du rythme qui le fait osciller du style au réalisme, qu'aucun art ne s'est plus rapidement « dénoué »

et n'aborda la peinture des formes vivantes avec plus
de franchise.

Or, la construction d'une forme en mouvement comporte la solution de difficultés nombreuses, relatives
au modelé des masses et à leur perspective. C'est par la
justesse de la mise en place, par l'exactitude et la fermeté du dessin linéaire que les maîtres japonais sont
parvenus à équilibrer les plans et à donner l'impression, non d'une pure arabesque décorative, mais de
volumes concrets. Quant au modelé, ils se sont contentés le plus souvent de nous le faire sentir par des indications, par des accents et par quelques méplats fon-
dus (surtout sous l'influence des écoles chinoises). Tandis que l'art européen impose des *évidences*, l'art du Japon
propose des cadres où notre sens de l'espace installe
automatiquement la troisième dimension, avec plus de
sûreté que le pinceau du peintre le plus habile. Loin
de chercher à nous abuser sur ce point par l'illusion,
il laisse jouer librement les habitudes de notre sensibilité. Il se passe des ombres, comme il s'est abstenu
longtemps d'entourer les figures d'un décor et d'une
ambiance. Nos tableaux semblent découpés dans la
nature, c'est par l'étude que nous y découvrons l'art
et la personnalité des maîtres. L'art japonais se présente comme un système de signes agissant sur nous
par suggestion pure.

Il est curieux de constater l'autorité de ces principes
dans l'histoire du paysage au Japon. Jusqu'à la fin du
XVIIIe siècle, les peintres japonais se sont limités, en

perspective, à quelques conventions prudentes et habiles. C'est seulement à cette époque qu'un artiste secondaire, Shiba Kokan, introduisit dans sa patrie les éléments de la perspective telle qu'elle est connue et utilisée par les Européens. Il peut paraître singulier que des artistes, depuis longtemps si habiles à représenter tous les aspects du corps en mouvement et à résoudre les problèmes qu'il comporte, aient pu ignorer pendant des siècles une science dont la pratique est indispensable à nos yeux dans la peinture de paysage. C'est qu'ici, contrairement à ce qui se passe pour la représentation des figures, il est peut-être moins nécessaire, pour nous donner une juste idée de l'espace, de délimiter avec exactitude la forme des volumes, que d'indiquer leur éloignement relatif par la perspective aérienne. En s'abstenant de faire intervenir des lignes de fuite, en prenant soin de nous présenter les différents plans parallèles entre eux et parallèles au plan de l'horizon — autrement dit, en se plaçant de face —, et, d'autre part, en donnant à ces plans mêmes leur valeur relative dans l'harmonie du ton, ils aboutissaient à des effets exacts, à des paysages assez construits et assez justes pour dégager une rare poésie.

Ainsi s'explique la vogue du genre vaporeux dit *soumiyé* qui, dès la fin du XVe siècle, avec Sesshiou et ses disciples, sous la double influence des modèles chinois et de la grande renaissance naturaliste provoquée par la diffusion de la philosophie zèn, multiplia les études de pluie et de brouillard, où l'atmosphère chargée d'eau

absorbe la violence des ombres et laisse deviner sous le
fin réseau qui recouvre les formes (aspect de la nature
familier au génie japonais) quelques tons délicats,
heureusement échelonnés. Toutefois, la pluie, la neige
et le clair de lune, la densité des vapeurs de l'atmosphère ou l'éclat des reflets nocturnes conservent dans
l'art japonais, même dans les œuvres de l'école de Sesshiou,
un caractère éminemment graphique. La gamme des
valeurs est restreinte, et leur intensité expressive portée
à son comble. J'ai sous les yeux en écrivant ces
lignes deux paysages de Sesson, l'un des maîtres du
soumiyé, — un vallon balayé par une rafale de neige,
un effet de brume traversé par un vol d'oies sauvages
filant à grands traits sous un ciel d'hiver. A droite, dans
l'une et l'autre de ces peintures, un arbre hargneux se
hérisse et s'enlève sur l'harmonie des fonds gris. Ce ne
sont guère que deux taches, d'une saisissante vigueur
d'accent, dont le modelé est à peine indiqué par des
dégradés qui semblent fortuits. Elles contribuent à
faire fuir la montagne et les lointains neigeux, mais
avant tout à équilibrer la composition et l'effet. C'est
par les vides ménagés entre les derniers plans et les premiers, vides auxquels sont substitués, ailleurs, des
bandes d'air et des nuages pareils à des doigts de gant
(Perzynski), par l'économie d'un travail qui réserve de
grands espaces déserts, transparents, lumineux, que
l'artiste symbolise l'éloignement et l'atmosphère. Pour
exprimer la profondeur du ciel, le dessinateur d'estampes place au zénith et à l'horizon deux bandes fon-

cées, étroites et légèrement dégradées, entre lesquelles, par une frappante illusion optique, semble se creuser la concavité des cieux.

Ces procédés sont hautement caractéristiques de la manière dont les maîtres japonais ont interprété la troisième dimension. Il existe des *valeurs* à leurs yeux, c'est-à-dire des degrés d'éclairage ou, si l'on veut, une échelle d'intensité dans les gris et dans les noirs, mais, outre qu'elles sont simplifiées, elles servent moins à suggérer le relief qu'à produire un effet de ton. Dans les estampes qui représentent des acteurs et des courtisanes, pendant le dernier tiers du XVIIIe siècle, il arrive souvent de rencontrer des noirs absolus, de beaux noirs fumés et veloutés, qui bordent ou qui ceinturent les robes à ramages et qui épaississent la nuit des chevelures savantes. Ils sont là pour faire chanter les autres notes, pour balancer le fond légèrement teinté, pour mettre une vigueur et comme un centre dans une harmonie qui, sans eux, serait peut-être fade et dispersée. Loin de servir au modelé, ils le détruiraient s'il y en avait un.

II

Une conception de ce genre s'explique mieux encore, si l'on examine l'outillage du peintre japonais et si l'on se rend compte de la manière dont il en use.

La brosse des peintres européens mérite son nom. Faite ordinairement de soies de porc, elle est résistante et rude. C'est qu'elle attaque une matière lourde et gluante et qu'elle pose un enduit sur une surface rêche. Plate, elle juxtapose des touches carrées ; ronde, elle accumule, elle épaissit les pâtes. Promenée sur la toile ou sur le panneau par des mouvements souples du poignet, sa course est à la fois sollicitée et circonscrite par la matière même qu'elle étale, que ce soit avec brusquerie, avec esprit ou avec onction. La fluidité de l'huile permet un parcours libre et sans effort. La consistance de la pâte maintient la coulée de la touche, la fixe et la sculpte, en quelque sorte, dans la couleur bientôt sèche qu'il faut amollir par des artifices, si l'on veut repeindre. La brosse est appelée à couvrir, c'est-à-dire à faire disparaître la toile sous une série de juxtapositions et d'empâtements. Chez la plupart des anciens maîtres, dans leurs œuvres achevées, son tracé n'est guère visible. Seuls les habiles sont capables de le reconnaître. Cette technique exprime avec plénitude et densité des valeurs et un relief.

Le pinceau des Japonais est analogue à celui de nos aquarellistes. Fait avec le pelage des petits rongeurs et des petits carnassiers du Nord, vêtus de souples et soyeuses fourrures, ou avec les plumes d'oiseaux analogues à la bécasse et au martinet, il est, à des grosseurs infiniment variables, aussi effilé du bout qu'une plume à dessin, tandis que son corps renflé peut se charger d'une eau abondante. Il est capable à la fois de dessiner les traits les plus déliés et de pocher les tons les plus vigoureux. L'élégance calligraphique de la ligne et l'impossibilité de la reprendre, de la rattraper par des repentirs exigent de la part de l'artiste une exceptionnelle sûreté de main. Aussi bien n'est-ce pas le poignet qui se meut, mais l'avant-bras ou l'épaule, tandis que les doigts crispés sur la hampe, quelquefois serrée à pleine poigne, ne servent qu'à la tenir. Si surprenante que puisse paraître une pareille méthode, dont les différents aspects nous sont montrés par une petite planche d'Hokousaï (sans parler de l'amusant croquis où il s'est dessiné lui-même peignant des pieds et des mains), elle est logique. La peinture européenne est une sorte d'escrime où tous les coups n'ont pas besoin de porter juste, puisque la plupart d'entre eux ne servent qu'à faire le ton et qu'au surplus il est facile de revenir sur une touche maladroite en la recouvrant. Ici le trait doit être déterminé du premier coup et, pour ce qui est des *à-plat* de couleurs, chacun sait qu'à l'aquarelle il n'est pas possible de revenir souvent sur un ton sans l'alourdir et le rendre louche. En évitant les nervosités, les mièvreries du poignet et des doigts, les petites touches pauvres, les lignes tremblées, en faisant intervenir l'épaule ou l'avant-bras, les Japonais assuraient à la ligne toute sa fermeté et toute sa grandeur, au ton toute sa franchise.

Ainsi travaillaient en Grèce les peintres de vases, et ces charmantes images de la vie familière, ces beaux épisodes empruntés à la légende et à l'histoire qui décorent avec légèreté les flancs des lécythes blancs du ve siècle ont été tracés sur l'argile d'après les mêmes méthodes. Au sortir d'une des premières expositions

d'art japonais organisées en Europe, M. Edmond Pottier signalait le premier cette analogie dans un bel
article de la *Gazette des Beaux-Arts*. Deux formes du
génie humain nées dans les régions les plus opposées de
l'espace et du temps se trouvent ainsi rapprochées par
l'identité des techniques et par la parenté des résultats.
Mais est-ce parenté qu'il faut dire, et y a-t-il lieu de
demander à l'histoire d'expliquer un fait de ce genre ?
Si l'hellénisation de l'Inde par Alexandre et le rayon-
nement de l'art gréco-bouddhique du Ghandara ont
exercé une influence manifeste sur la statuaire chinoise
du VIIe siècle et sur les admirables bronziers japonais
du VIIIe, rien ne permet encore d'établir une relation
historique entre la Grèce et le Japon en ce qui con-
cerne la technique des arts du dessin et l'usage du
pinceau. Faut-il donc appliquer ici les méthodes de
Taine, dont les disciples n'auraient pas manqué d'établir sur de fortes bases ethniques, politiques et sociales
l'analogie de la culture hellénique et de la culture japonaise ? Si, suivant l'exemple de M. Pottier, nous nous en
tenons aux peintures de vases et aux légères esquisses
tracées à la pointe du pinceau par les maîtres japonais,
il faut reconnaître avec lui que ces deux peuples, si heureusement doués pour les arts, à la fois si simples dans
leurs grandes expressions esthétiques et si raffinés dans
leur goût, étaient capables de produire des œuvres étran-
gement voisines, lorsque, conduits par les mêmes nécessités techniques, ils se servaient de la même façon
d'outils et d'instruments sensiblement pareils. Empres-

sons-nous d'ajouter que les Japonais eussent été choqués, sans nul doute, de la manière dont les Grecs ont orné leurs vases, en les entourant de zones peuplées de personnages, et que le décor capricieusement naturaliste de la céramique japonaise aurait déconcerté, sinon les potiers de terre mycéniens ou crétois, du moins les artisans athéniens. De toutes façons, ce qui se dégage du rapprochement établi par M. Pottier, c'est la force permanente d'une expérience technique qui, à tant de lieues et à tant de siècles de distance, aboutit aux mêmes résultats. Des observations de cette nature montrent tout ce qu'il y d'inattendu et de fécond dans l'étude des vénérables outils sans lesquels l'art humain n'existerait pas.

Edmond de Goncourt eut, en 1878, la bonne fortune de rencontrer chez Philippe Burty le peintre Watanobé Seï et de le voir travailler. Il nous a laissé de cette séance un récit curieux, inséré dans son *Journal*. Il faut tenir compte des dates et remarquer qu'il s'agit des procédés d'un contemporain. De plus Watanobé se trouve placé hors de son milieu et n'a pas à sa disposition des instruments et des produits exclusivement japonais. Toutefois le document reste instructif.

Il apparaît d'abord qu'une certaine idée sportive n'est pas étrangère à l'art japonais. Il ne suffit pas de produire une œuvre belle, il faut encore que ce soit dans certaines conditions d'élégance extérieure et dans un temps donné. « Le dessin, pour être précieux au Japon, dit le narrateur, doit être fait sans aucune

reprise du trait, sans aucun *repentir*. On attache même
une certaine importance à la rapidité du faire, et le
compagnon du peintre a été regarder l'heure à la
pendule, quand l'artiste a commencé ! » On pourrait
être tenté de croire que ce souci est purement personnel
et de circonstance et que nous avons affaire à un exo-
tique dépaysé, heureux de montrer sa virtuosité à des
barbares. Mais nous verrons que l'art japonais, loin
d'être hostile aux tours de force, nous en fournit au contraire d'innombrables exemples et qu'Hokousaï exécuta
des prodiges d'adresse, dignes du plus artiste des bateleurs.

Watanobé travaille sur un panneau de soie gommée
très légère et presque transparente, tendue sur un cadre
de bois blanc. Ses couleurs, à part quelques bâtonnets
apportés de son pays, entre autres une sorte de gomme
gutte et un bleu verdâtre, sont les couleurs au miel des
aquarellistes européens. L'imagination ou la mémoire,
le souvenir d'observations faites d'après nature ou d'après
les maîtres sont ses seuls guides. Il n'a pas de modèle. Il
travaille avec la surprenante sûreté d'un homme qui
« possède » son sujet et tous les secrets de son art. « D'a-
bord, pour commencer, ce fut au milieu, comme toujours,
un bec d'un oiseau devenant un oiseau, puis encore
trois autres becs, trois autres oiseaux : le premier gri-
sâtre, le second au ventre blanc, aux ailes vertes ; le
troisième ayant l'apparence d'une fauvette à tête noire ;
le quatrième avec du rouge, dans le cou, d'un rouge-gorge.
Il ajouta à la fin, au haut du panneau, un cinquième
oiseau, un calfat au bec de corail. Ces cinq oiseaux

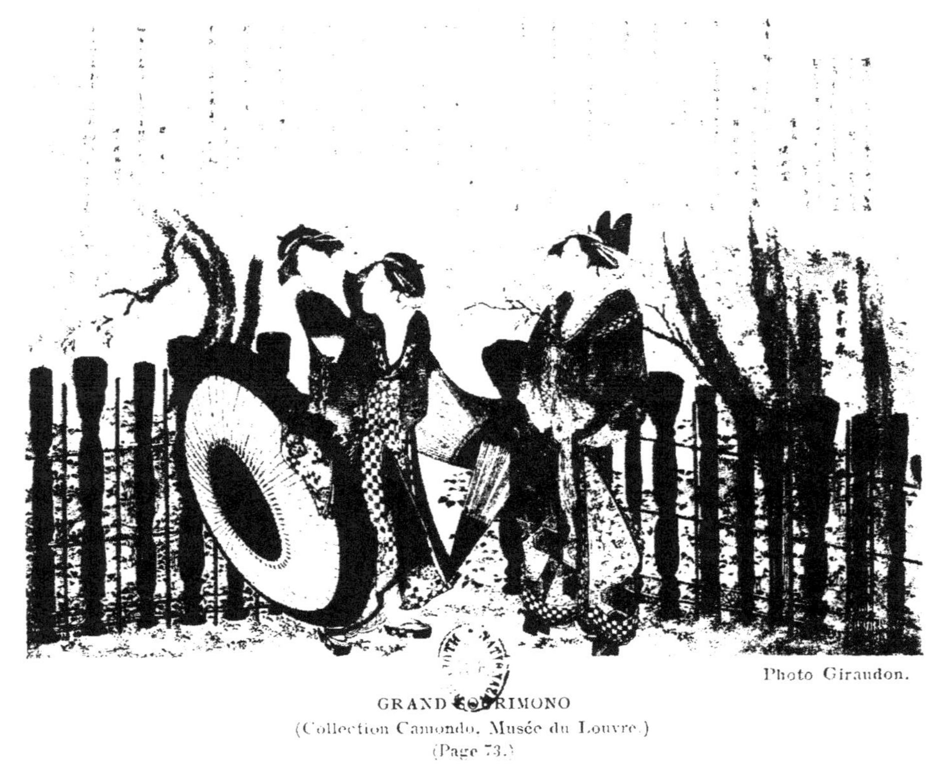

Photo Giraudon.

GRAND SURIMONO
(Collection Camondo. Musée du Louvre.)
(Page 73.)

furent exécutés avec le travail le plus précieux et presque
le frou-frou révolté de leurs plumes.» Ainsi, pas de modèle,
pas d'esquisse et pas de préparations. L'artiste se garde
d'indiquer son sujet à grands traits, de circonscrire et
d'installer sa composition. Il est permis de se demander
si Watanobé, comme beaucoup d'artisans inférieurs du
Japon moderne, n'exécutait pas pour la centième fois
un panneau qui n'était neuf et improvisé qu'aux yeux
de ses hôtes. Mais la simplicité du sujet et la tradition-
nelle dextérité graphique des peintres japonais nous autorisent dans une certaine mesure à rejeter cette hypothèse.
D'ailleurs la technique de l'aquarelle s'oppose d'une
manière formelle à l'établissement de dessous opaques
et indélébiles.

La transparence et la légèreté sont indispensables,
l'eau est ici l'agent essentiel. C'est l'eau qui donne le
charme et l'enveloppe au dessin. C'est l'eau qui baigne
les tons et qui assure leur unité. Watanobé tient deux
pinceaux dans la même main, « l'un tout fin et chargé
d'une couleur intense et filant le trait ; l'autre plus
gros et tout aqueux, élargissant la linéature et l'es-
tompant... » C'est une ingénieuse distribution de l'eau
qui permet à l'artiste d'établir le ciel et l'effet : « Sur le
fond laissé complètement vierge, il a mouillé la plus grande
partie, réservant, çà et là, des déchiquetures pareilles
à de petits archipels. Le panneau a été un peu séché à
la flamme d'un journal, et retiré lorsqu'il conservait
un rien d'humidité dans les parties mouillées. Alors.
brutalement, et comme sans souci de la délicatesse de

son dessin, il a fait pleuvoir de gros pâtés d'encre de
Chine qui, étendus avec un blaireau, ont détaché sur la
légère demi-teinte d'un ciel gris les branchages et les
oiseaux enfermés dans une couche de neige, faite mira-
culeusement par ces espèces d'archipels gardés secs dans
la soie. » Le panneau ainsi avancé, c'est un nouveau
lavage à grande eau, amortissant le travail et n'en laissant
subsister qu'une image effacée, de nouveaux séchages,
des reprises et des relavages, tout un « travail dans l'humide », au terme duquel l'artiste place la valeur vigou-
reuse de son dessin, le tronc noir de l'arbuste, tache
intense à l'encre de Chine.

Ainsi naît une œuvre d'une lumière moelleuse, sans
dureté, malgré ces traits filés dont parle Goncourt,
sans lourdeur cotonneuse, grâce à l'économie des travaux
et à la transparence de la touche. Tandis que le peintre
européen étale une sorte de gomme épaisse, dont la
pesanteur et l'opacité sont à peine tempérées par l'emploi
des huiles et des vernis, notre Japonais demande à un
savant usage de l'eau l'éclat, le brillant et la souplesse.
Il ne couvre pas les lumières, il les ménage. Ce sont là
sans doute les secrets de l'aquarelle dans tous les pays, —
mais l'aquarelle occidentale (si l'on met à part les chefs-
d'œuvre de Turner) est malgré tout soumise à notre conception de l'espace et à la tyrannnie du relief. A de
rares exceptions près, elle subit l'influence de la peinture
à l'huile, elle tend à faire aussi « complet ». L'aquarelle
japonaise, plus nerveusement graphique et tout aussi
souple, d'un trait plus rare et plus choisi, d'un ton plus

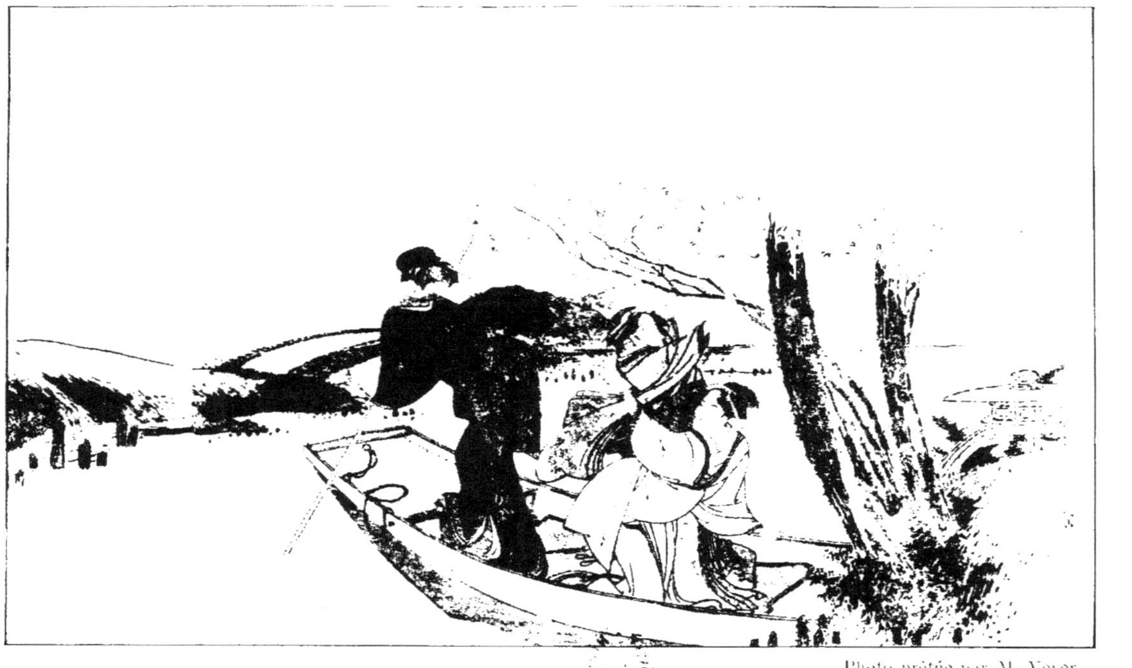

Photo prêtée par M. Vever.

LA PROMENADE EN BARQUE

(Estampe en couleurs. Collection Vever.

(Page 71.)

fin et plus harmonieux, baigne dans l'humide limpidité d'une atmosphère sereine, dont des ombres inutiles et violentes ne viennent pas trouer l'unité.

La peinture a toujours façonné plus ou moins la gravure à son image. Il y a des cas où cette dernière peut et doit être considérée comme un art indépendant et complet. D'illustres exemples nous montrent des résultats originaux correspondant à une technique toute personnelle. Néanmoins, en feuilletant un carton d'estampes des diverses époques, on peut se rendre compte de l'évolution de la peinture. La manière pure et sévère de Marc-Antoine traduit admirablement l'art de Raphaël. La profondeur des eaux-fortes hollandaises exprime, sans en rien laisser perdre, le génie ombreux et transparent des maîtres de Haarlem et de Leyde. Nous retrouvons dans les vignettes des livres illustrés les harmonies argentines et légères des peintres du xviiie siècle. Enfin la renaissance de l'eau-forte et de la lithographie en France répond aux noirceurs pathétiques, aux orages, aux inquiétudes du romantisme en peinture. En généralisant cette méthode, il serait possible de caractériser la gravure en Europe de la manière dont nous avons essayé de caractériser la peinture.

La gravure européenne est, au même titre que la peinture — et plus encore que cette dernière, grâce à ses richesses techniques —, un art de relief et de profondeur. D'assez bonne heure, elle a délaissé les procédés qui ne lui permettaient pas d'obtenir le maximum de souplesse nuancée ou d'intensité. C'est ainsi que, pendant deux

grands siècles de son histoire, elle est presque exclusivement représentée par des estampes gravées en creux.
Qu'il s'agisse de la mezzotinte, où les noirs sont obtenus
par un pointillé plus ou moins dense, qu'il s'agisse du
burin et de l'eau-forte, où la taille domine, elle cherche
toujours le ton et le modelé. Dans les creux du cuivre l'encre s'installe avec plus ou moins d'épaisseur et détermine
sur l'épreuve des valeurs plus ou moins intenses. Le blanc
du papier qui joue entre les tailles, dans la gravure à
l'eau-forte ou au burin, permet d'obtenir des noirs riches
qui ne soient pas bouchés et aussi des gris et des demi-
tons particulièrement lumineux. Combinée avec l'espa-
cement calculé des tailles, la profondeur relative du trait
met à la disposition du graveur toute une palette de
tons. La gravure en relief au contraire, c'est-à-dire la
gravure sur bois, donne des noirs égaux, puisque tous les
traits saillants se trouvent sur le même plan. On le com-
prit, lorsque les maîtres français la ressuscitèrent au
début du xixe siècle, et on l'utilisa avec bonheur pour
reproduire seulement des dessins, crayonnés d'un trait
léger, amusant et pittoresque. C'est par une erreur fatale
à cet art que, pour répondre aux exigences de la publicité
typographique et sous l'influence de la photographie,
on voulut le rendre capable d'exprimer des tons, un
effet, des dégradations, qu'on chargea les bois de hachures monotones et de tailles. C'était méconnaître l'esprit de la gravure en relief ou plutôt ses ressources.
Mais la simplicité éphémère des bois, leur transformation
rapide et leur alourdissement sont une preuve de la

rigueur avec laquelle l'art européen, jusqu'aux dernières années du XIXe siècle, a soumis toutes les formes de la technique, même les plus rebelles, à l'expression d'un modelé complet. D'ailleurs, même pendant l'époque de la belle gravure sur bois, bien plus, en remontant à ses origines xylographiques, nous trouvons des traces de hachures destinées à indiquer la plénitude des volumes, mais sobres et suggérant la forme, sans la charger inutilement.

C'est peut-être par les estampes que nous pouvons nous faire l'idée la plus nette de l'interprétation japonaise de l'espace. Ce sont des gravures sur bois au trait, où la taille n'exprime que le dessin de la forme (avec des indications de modelé parfois très habiles, mais purement linéaires) et n'essaie que rarement de reproduire les valeurs d'ombre et de lumière. Ces maîtres n'ont pas ignoré les hachures : ils s'en servent avec une prodigieuse finesse dans certaines parties des chevelures et des pelages, — mais pour nous faire sentir une vérité de matière, non pour obtenir un ton. L'œuvre d'art tend à se limiter à une calligraphie de lignes pures qui valent par elles-mêmes. La gravure sur bois ainsi traitée est d'une fermeté et d'une ampleur qui fait paraître nos bois européens de la mauvaise époque (je n'ose dire de la nôtre) à la fois prétentieux, mous et fumeux. Dans sa simplicité, elle a suffi aux maîtres d'Extrême-Orient pour s'exprimer avec variété. Shiba-Kokan avait probablement connu quelques eaux-fortes des peintres-graveurs hollandais : il s'est exercé, lui aussi, à cet art, mais par curiosité ou par jeu.

La pratique de l'impression en couleurs est significative elle aussi. Les Japonais n'en ont été réellement les maîtres qu'assez tard, puisque c'est seulement en 1765 qu'Harunobou obtint la polychromie des tirages en fixant d'une manière définitive le repérage des planches. Dans la gravure en creux, la couleur ne peut être installée sur le cuivre que grâce à un travail de hachures ou de pointillé d'une extrême densité et d'une grande délicatesse. De plus, pour adhérer au creux de la taille comme pour se maintenir en relief sur le papier par petits dépôts parallèles ou juxtaposés, il est nécessaire qu'elle soit composée d'une matière grasse, compacte et résistante. Souvent, pour donner plus d'homogénéité au ton, et surtout pour éviter les difficultés d'une gravure par tailles, on substitue systématiquement le grain au trait : l'opacité est alors sans remède. De là l'aspect lourd, huileux et bouché de nos modernes gravures en couleurs, qui sont probablement ce que l'art de tous les temps a produit de plus vulgaire. Dans la gravure sur bois au trait, telle qu'elle est pratiquée par les Japonais, la couleur ne saurait être épaissement tassée dans des hachures : ell est disposée avec égalité à la surface de reliefs ménagés à cet effet. Et comme elle n'a pas besoin d'une adhérence très forte pour se fixer sur le papier, elle peut sans inconvénient être légère, fluide et sans mélange. Au lieu de lui donner, afin de la rendre collante, une consistance intime qui gâte et alourdit le ton, les imprimeurs japonais préfèrent étaler sur la planche, avant le tirage,

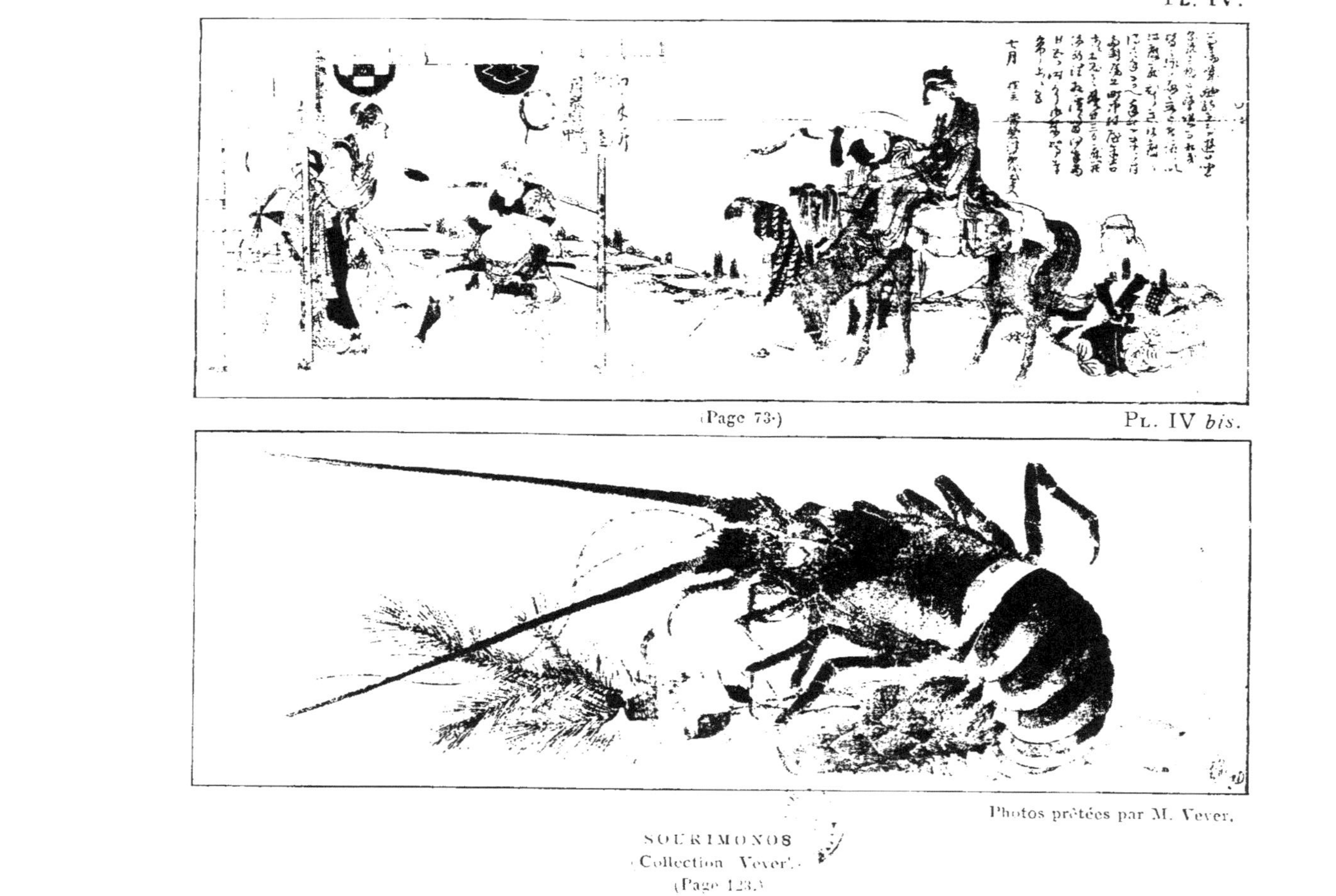

(Page 73.)

Pl. IV bis.

Photos prêtées par M. Vever.

SOURIMONOS
(Collection Vever).
(Page 123.)

une très mince couche de colle transparente, qui garantit la fixité du ton sans l'altérer jamais. Aussi les couleurs dont ils se servent sont-elles les plus fraîches et les plus transparentes de toutes, — des couleurs à l'eau. Une estampe japonaise est une aquarelle.

L'art japonais s'entoure donc d'une atmosphère limpide. Limpide, non seulement parce qu'elle n'est pas alourdie par le clair-obscur et la complexité du modelé, mais aussi parce que la couleur brille avec une éclatante légèreté sur un fond contre lequel elle ne fait pas épaisseur. L'estampe est aussi pure et aussi franche que le dessin, son modèle. Sur la planche de bois prise dans le sens du droit fil, le graveur circonscrit le trait entre deux incisions assez profondes et le dégage peu à peu de la matière avec des gouges ou des ciselets de différentes tailles, sur lesquels il frappe à coups de marteau. Cette partie du travail peut sans inconvénient être confiée à des femmes, quelques estampes du XVIIIe siècle nous l'attestent. A la planche du trait noir qui comporte l'installation linéaire du dessin complet viennent se superposer les planches de la couleur, sur chacune desquelles est gravée seulement la partie du dessin qui correspond à un ton. L'impression ne se fait jamais à la presse, mais au tampon ou au frottoir : quelquefois, l'imprimeur pèse délicatement du coude pour obtenir sur l'épreuve un relief répondant à un creux du bois ménagé à cet effet, — relief qui donne aux belles estampes une sorte de cachet d'élégance, de luxe et de rareté.

L'élégance, — c'est là en effet une des qualités sédui-
santes de cet art, — élégance dans les conditions maté-
rielles du faire, qui se présente comme la solution ingénieuse et rapide des plus surprenantes difficultés
techniques, élégance dans la simplicité et la pureté des
éléments, élégance dans la beauté calligraphique du
dessin, analogue à la cursive japonaise, onduleuse et
accentuée tout ensemble, d'un aspect si personnel et si
vivant à côté de la lourde quadrature des idéogrammes
chinois. L'art de l'estampe ajoute à ces raretés le choix
des papiers, l'emploi des rehauts métalliques et des
reliefs.

Notre vergé européen, l'antique papier de Hollande,
d'une texture si pleine et si résistante, est la plus belle
matière qui soit pour porter la richesse des noirs. Il
a quelque chose de rude et de généreux : les lumières y
paraissent naturellement grasses, nourries et modelées.
Le papier auquel nos contemporains donnent le nom
de *japon* est lisse, marbré, d'un ton chaud, fort beau
quand il ne tire pas sur le jaune-vert, d'un volume considérable et de ferme tenue. Le papier des belles impressions
japonaises semble être encore une matière textile, il se
sent des chiffons de soie dont il est fait. Loin d'être dur
et claquant comme notre japon moderne, il conserve une
homogénéité souple et, dans les tirages les plus anciens,
une trame très lâche. Léger et mat, faiblement pelucheux, il ne présente pas cette dureté polie qui donne
parfois aux feuilles de japon européen l'aspect de minces tranches de porphyre. Il appartient à la même

famille que ce singulier papier-étoffe appelé crépon, qui mit à la mode, il y a une trentaine d'années, les regrettables japonaiseries imprimées à l'encre d'aniline par d'artificieux négociants. Mais, sans être lisse, il n'est pas non plus grenu, « crespelé ». Il prend nettement la couleur, sans la faire chatoyer.

En effet le ton n'a pas besoin d'être aidé par le papier qui le supporte. Il ne vise qu'aux harmonies claires et limpides, balancées par quelques noirs mats qui les font valoir, rehaussées selon les cas par des applications discrètes d'or, d'argent ou d'étain. Des dégradés, obtenus sur le bois par un léger frottis du doigt et faisant passer deux notes l'une dans l'autre, des tons rompus, voilés, atténués, — mais, jamais de tons louches. Même dans la peinture de la nuit, d'opaques ténèbres ne viennent jamais noyer la couleur. L'éblouissante vulgarité des impressions modernes reste exempte de notes sales et boueuses. Cette élégance sereine est bien sensible dans l'usage des rehauts. Rien qui sente la lourdeur décorative des Orientaux barbares, une orfèvrerie coruscante, la surcharge des matières. L'estampe est poudrée par places de lueurs rares qui ne font pas épaisseur : elles semblent mêlées à la trame du papier et faire corps avec lui. Sur le ciel nocturne des chasses aux lucioles brillent doucement des flocons argentins qui, à mesure qu'on incline de droite et de gauche la gravure, font pleuvoir sur elle des notes scintillantes : les parcelles de mica mêlées au ton rendent la nuit plus transparente et plus lumineuse. Les sourimonos, exquises vignettes

des jours de fête, ornées de félicitations et de compliments en vers, sont, à cet égard, d'une richesse discrète
et d'une poésie de métier incomparables. Les reliefs qui
les décorent ne gonflent pas le papier de volumes arti-
ficiels : ce ne sont pas les empreintes brutales d'un timbre sec. Incrustés dans la pâte et ne portant jamais à
nos yeux les notes les plus chantantes de la gamme,
ils ajoutent au luxe délicat de l'estampe sans en disper-
ser l'harmonie.

IV

Ainsi l'art japonais, si l'on cherche à résumer ses
caractères les plus frappants aux yeux des Européens,
ne vise pas à reproduire, mais seulement à suggérer
la troisième dimension de l'espace. Il restreint l'échelle
des valeurs, qu'il interprète au point de vue de l'effet,
non au point de vue du relief. Il indique le modelé des
volumes par des indications linéaires et par des accents,
quelquefois par de faibles méplats dégradés, sans utiliser
les ombres. C'est un art éminemment graphique, capable
en même temps des plus heureuses harmonies de couleur.
Volontairement limité dans ses moyens et n'ayant jamais
cherché à compliquer ses ressources, où l'eau et le pinceau souple jouent le premier rôle, il est dominé par le
souci de l'élégance dans l'exécution, par l'emploi de
matières simples, belles et rares. Enfin, et c'est là un
point sur lequel il convient de s'expliquer avec clarté,
il semble heureusement étranger à toute préoccupation
intellectuelle.

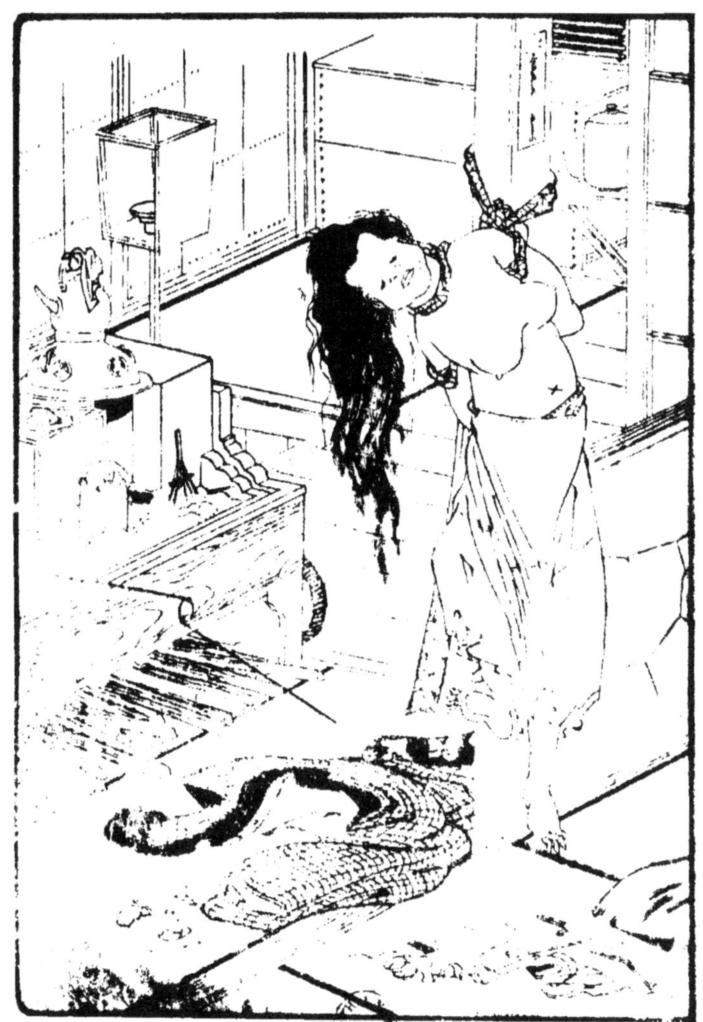

Photo prêtée par M. Vever.

PLANCHE D'ILLUSTRATION EN NOIR

(Collection Vever.)

(Page 81.)

Notre art répond à des exigences réalistes. Notre conception esthétique de l'espace, notre avide appétit d'images « vraies » en sont le témoignage. Mais il ne nous suffit pas que les aspects de la nature et de la vie, tels qu'ils nous sont représentés par les peintres, soient d'accord avec nos habitudes spaciales, que notre regard soit sollicité de tourner autour des volumes réduits à deux dimensions et remis en relief par une juste répartition des ombres et des clairs, — il faut encore que les personnages de nos tableaux expriment, avec encore plus de force que les vivants, les aspects momentanés et les bases durables de leur vie intérieure. Nous voulons que les paysages reflètent des états de conscience. Nous demandons aux maîtres que la composition de leurs œuvres obéisse, non seulement aux lois de l'équilibre et de l'harmonie, mais encore à une logique interne, organisatrice des mouvements et des attitudes. De là une admirable enquête humaine, un sens du drame, une profondeur dont les arts de l'Orient ne nous offrent pas d'exemple.

Entre la décadence du paganisme esthétique en Italie, à la fin du xvie siècle, et le mouvement impressionniste de ces dernières années, l'élite européenne n'a cessé de surcharger la nature de significations intellectuelles ou sentimentales, et l'art eût paru vide de tout contenu, s'il n'avait assumé la tâche de les représenter. Loin de rompre avec cette tradition, le romantisme en multiplia les exigences et fit craquer les frontières des arts sous l'abondance des intentions. En favorisant les échanges entre les arts de l'espace et les arts du temps, il enrichit les diverses techniques de leurs dépouilles respectives. Les psychologues, les poètes et les historiens inspiraient et conseillaient les peintres. Les littérateurs s'emparèrent de leurs œuvres : pour comprendre la peinture ainsi conçue, il n'était pas nécessaire d'être compétent ni d'avoir du goût, il suffisait d'être un homme sensible et cultivé. C'est qu'il est possible d'étudier le contenu d'un art en idées et en sentiments sans s'occuper un instant de ses caractères formels et de sa genèse technique ; il est même *naturel* de l'interpréter comme une série de phénomènes décrits dans une langue dont la morphologie est indifférente. Au surplus, l'invasion de la littérature, funeste à la pureté des arts, rend la critique facile et péremptoire.

Malgré la largeur de notre culture, nous sommes faits à ces habitudes et il nous est presque impossible de nous en départir. Tout art qui n'est pas chargé d'idéalité, qui ne met pas en œuvre les recettes convenues pour nous communiquer une émotion ou un concept nous paraît décoration pure. C'est ainsi que l'art japonais, chez les meilleurs auteurs, les plus récents, ceux qui ont du Japon la connaissance la plus intime et la plus familière, est qualifié d'art décoratif, et l'on entend par là qu'il se limite à des taches, circonscrites par des arabesques, qu'il est plaisant et vide, qu'il n'émeut pas, qu'il ne fait pas penser.

Retenons d'abord que le mot « décoratif » est singulièrement impropre, puisqu'au Japon les grandes œuvres graphiques et les estampes elles-mêmes ne servent pas à la décoration. A part un kakémono suspendu au-dessus de l'autel domestique et renouvelé de temps en temps, le Japonais cache ses trésors d'art, et il se donne quand il lui plaît la récompense de les admirer. Si fragile que soit sa maison, ses parois seraient encore capables de porter à profusion le poids de ces légers chefs-d'œuvre. L'homme de goût qui développe un précieux rouleau de peintures lui demande des joies plus délicates et plus profondes que le plaisir de voir une salle bien décorée ou une belle page d'écriture. Mais il n'y cherche ni le vertige de l'absolu, ni l'aliment de ses passions, ni l'enthousiasme ou la mélancolie de sa propre existence, ni des leçons de morale transcendante. Il se contente d'y voir, en formes et en couleurs, une magnifique expression du génie humain et du goût d'un maître. A ses yeux une œuvre d'art est moins un symbole et un véhicule qu'une réalité objective qui se suffit. Devons-nous dire qu'elle est *vide*, lorsqu'elle témoigne du don de reconnaître et de choisir supérieurement dans les choses les subtils éléments qui, dès les temps les plus reculés, apprirent aux hommes, sans qu'ils eussent besoin d'un commentaire sentimental ou d'une littérature quelconque, les noms divers sous lesquels on doit adorer la beauté du monde, — grâce, pittoresque ou majesté des formes ? Cellini, dans un de ses traités, recommande à ses disciples d'admirer et de copier longuement l'os appelé *sacrum*, parce que cet os est parfaitement beau. De même la courbe d'un sabre est belle, ainsi que l'attitude d'un acteur ou les plis d'une robe de femme. Il n'est pas besoin d'aller plus loin. Feuilletons nos albums d'estampes comme un choix exquis de ce que l'univers a de plus rare et l'homme délicat de plus cher, fixé dans une matière charmante par des artistes sobres sans pauvreté, habiles sans inutiles adresses, expressifs sans vulgarité.

Que le choix d'une heure, d'une saison, d'un motif particuliers éveille en nous d'émouvantes associations de sentiments et prolonge dans notre cœur les échos d'une poésie intime très prenante, l'artiste japonais le sait et il en use, — mais il ne nous sollicite pas, il ne nous prend pas par la main, il ne nous traîne pas de force sur un théâtre. De même qu'il se contente de nous suggérer l'espace, il propose à nos émotions de beaux thèmes graphiques qui ne se développent qu'en nous. Ces guides réservés nous mènent en silence devant de nobles paysages et de gracieuses femmes. Nous sommes au pays où les poètes se contentent de quelques syllabes pour nous faire entendre leurs joies et leurs peines. Ce qui se dégage pour nous des *tankas* et des œuvres de l'art japonais est analogue aux rêveries qui naissent d'un son juste.

Quelques critiques, abusés par de vieilles habitudes littéraires et soucieux de formules esthétiques, — genre de spéculation qui paraît négligeable aux Japonais, — n'ont pas craint d'écrire que l'art de ces derniers était l'apothéose de la matière. S'ils ont voulu dire qu'il est hostile au verbiage lyrique et aux soucis de la moralité vulgaire, qu'il se garde de faire intervenir

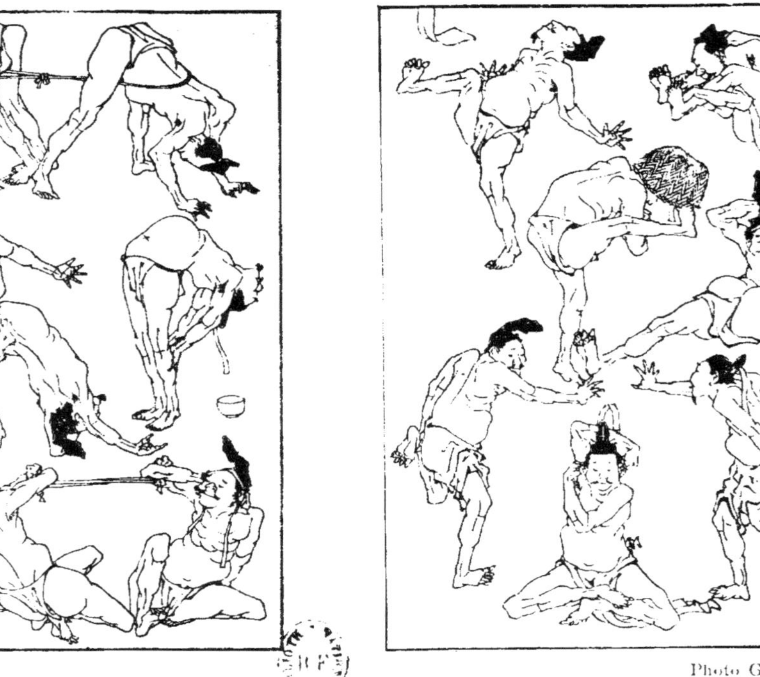

Photo Giraudon.

ÉTUDES D'ACROBATES tirées de la *Mangwa*.

(Page 118.)

nos courtes ratiocinations dans l'éclatante beauté des apparences, ils ne sont guère coupables que d'une impropriété dans les termes. Mais ce serait commettre une erreur plus grave que d'en prendre prétexte pour le limiter à une matérialité grossière. Sans doute il a le respect de la matière dans laquelle il taille et peint ses durables images, mais, bien loin de s'appesantir sur elle, il l'interprète, il la dégrossit, il y fait courir les veines de la vie. Le graveur sur bois qui « épargne » le trait nécessaire et qui s'allège de tout le reste est un parfait symbole de l'art japonais. Quelques lignes et quelques tons délayés dans l'eau lui suffisent. Il se dépouille de tout élément trouble ou inerte, il triomphe du vieil esprit de lourdeur. A mesure qu'il est plus léger, il s'élève et, négligeant les valeurs morales comme les inutiles complications techniques, transparent, harmonieux et libre, il fait flotter au-dessus de nos inquiétudes et de nos batailles contre la pesanteur, la représentation sereine d'un univers apaisé où l'image même du malheur ou de la volupté, sous les pinceaux de ces magiciens tranquilles, a toujours quelque chose de noble, d'élégant et de gracieux. Ainsi Lafcadio Hearn a raison, quand il parle de l'exquise *spiritualité* de cet art. L'Occident lutte contre la matière avec la matière elle-même. Il pétrit, il sculpte ses tableaux dans de la terre. Pour nous donner le sentiment de la vie et de la liberté, pour faire passer en nous tous les rêves du peintre, il dispose de formes enchaînées par leur propre lourdeur. Il les heurte, il les entrechoque, il se débat avec une force, avec une élo-

quence extraordinaires, ses triomphes sont baignés de
sueur. Le Japon se limite : il réduit l'espace, il chasse
la nuit, il simplifie et raffine son savoir et, si son génie
nous déconcerte encore, c'est peut-être parce que nous y
cherchons en vain les traces de nos propres combats et
de nos antiques douleurs.

V

Le concept d'évolution s'applique tant bien que mal
à l'étude des arts en Occident. L'histoire de l'art japonais le supporte plus difficilement. Non qu'il ne se soit
transformé : il est riche au contraire d'aspects successifs
et divers. Mais ces transformations mêmes ne s'en-
chaînent pas en une série continue. L'art japonais oscille
perpétuellement entre deux esthétiques, et le rythme
qui le fait passer alternativement de l'une à l'autre dirige
son histoire et organise toutes ses manifestations.
Tantôt il s'éloigne de la vie, tantôt il se rapproche d'elle
pour y puiser des éléments qui le rajeunissent, lorsqu'il
est épuisé par son raffinement même et par l'atmosphère
raréfiée de l'académisme. Mais ces conquêtes nouvelles
sont à leur tour dépouillées de leur verdeur et de leur
âpreté par un exquis souci du style, jusqu'au jour où
cette pureté risque de devenir abstraite, monotone et
sèche. Les écoles se succèdent ainsi et procèdent l'une
après l'autre au même rajeunissement, puis à la même
épuration. Leur histoire intérieure obéit au même rythme.
Les maîtres de Kano commencent par opposer leur

naturalisme rêveur à l'art féodal des Tosa : mais au début du xviiie siècle, ils sont devenus à leur tour des puristes ; l'abus des poncifs et des formes conventionnelles limite leur art et l'appauvrit.

Analyse aiguë de la réalité, *vérisme*, si l'on veut, d'une part, calligraphisme de l'autre, — tels sont les aspects alternatifs de l'art japonais. Cette oscillation s'explique assez par le génie de la race, par le perpétuel éveil du peuple le plus curieux de toute signification vivante et de toute activité organique, le mieux doué des qualités de l'observateur, le plus sensible à la poésie de la vie familière, et en même temps le plus délicat, le plus raffiné dans le choix de ses émotions. Elle s'explique également par les caractères d'une technique réduite à des expressions simples et suggestives, capable de saisir la vie au vol, ainsi que de nous en donner l'image la plus ferme, la plus élevée et la moins contingente. Elle s'explique enfin par la différence des publics et des milieux moraux qui ont aimé ces deux arts et qui en ont favorisé le développement, — en tenant compte toutefois de l'élégance d'esprit que la culture nationale a donnée à la longue aux classes populaires et qui, à partir du xviiie siècle, leur permit d'apprécier des œuvres raffinées, ainsi que du libéralisme esthétique de beaucoup de Japonais distingués, qui ont combattu pour l'art vivant et l'ont aidé à triompher. Mais il reste nécessaire de faire une place à l'élément social dans l'histoire de l'art japonais. L'énergique pureté de la tradition aristocratique et la fièvre gaie de l'agitation populaire ont modelé tour à tour ou concurremment les œuvres et les lieux mêmes. Sans doute on ne saurait méconnaître le caractère national, et même populaire, de l'école Shijo, à Kyôto et à Osaka. Mais à l'ombre des cryptomérias séculaires, la vieille capitale des mikados resta surtout la cité de l'élite, du silence et des cérémonies, la gardienne religieuse du passé. Les écoles sur lesquelles rayonna son influence, les maîtres anoblis par le prince et devenus dignitaires de l'empire, illustrèrent les fastes d'une cour mystérieuse, reflétèrent les pensées hautaines de l'aristocratie. L'exemple de ce gentilhomme pauvre dont nous entretient un essayiste du XVIIIe siècle, son fils, et qui, malgré la vogue des impressions polychromes et des kakémonos fleuris de tons chantants, préférait suivre l'antique tradition de l'école de l'encre et s'exercer à la peinture en blanc et noir, nous aide à comprendre ce qu'il y a de distinction stricte et un peu sèche dans les préférences de toute une classe. Cependant, sur les places publiques de Yeddo, au coin des rues, devant l'étal d'un libraire en plein vent, les gaillards athlétiques vêtus d'un pagne, coiffés du cône en paille, les bateliers de la Soumida, les hommes de peine, les samouraïs en quête d'un maître, tous les flâneurs, tous les badauds s'arrêtent devant les minces feuilles volantes, historiées d'images peintes pour eux et qui représentent, dans tous les épisodes de leur activité quotidienne, leurs camarades ou leurs favoris, des artisans, des acteurs célèbres et des femmes.

Au XVIIIe siècle, ce courant d'art vivant et populaire qui succède dans la faveur publique aux écoles officielles anémiées a une importance, une ampleur, un éclat extraordinaires. L'école qui le représente avec le plus de pureté et qui groupe d'ailleurs sous le même drapeau des talents très divers a reçu ce beau nom significatif : l'Oukiyo-yé, l'école de la vie qui passe. Au cours de la grande époque du Ghenrokou (1688-1704), Koyetson et Kôrin avaient préparé le terrain en réagissant contre les écoles soumises à l'influence chinoise et en imposant pour un temps à l'art de leur pays la « manière nationale », dite *wa-gwa*, et toute la grâce robuste de leur génie, habile à suggérer la forme par des notes d'une puissante franchise, d'une telle saveur ethnique et yamatisante que ces maîtres restent encore difficilement accessibles aux critiques occidentaux. Mais leurs disciples immédiats se spécialisèrent dans la peinture des fleurs et des oiseaux et furent de purs décorateurs. Un maître indépendant comme Yakoutshiou, le peintre des coqs, sorti de l'école de Kano, puis influencé par Kôrin, devait finir par retourner aux leçons de l'école Ming-Thsin, qui demandait à l'étranger de nouveaux thèmes d'inspiration, en puisant aux sources de l'art chinois réaliste des Ming et des Tsing.

A l'époque même où les Vagakouça, érudits japonisants, suivant l'exemple de Motoöri, le plus grand d'entre eux, luttaient contre l'influence des Kangakouça, érudits en antiquités et philosophie chinoises, où le drame national et le roman héroïque retraçaient avec éclat le glorieux

passé du Japon, l'école vulgaire revenait aux modèles
fournis par la vie japonaise. Elle s'intéressait aux métiers
de la rue, aux épisodes et aux joies domestiques, aux
scènes du Yoshiwara, aux vieilles légendes chères aux
petites gens. Toute une dynastie d'artistes, celle des
Tori-i, se spécialisa dans la peinture d'acteurs, et le populaire se disputa l'image de ses préférés, depuis les comédiens chargés des rôles de femmes jusqu'au vieux régis-
seur qui fait l'annonce, gras cabotin au visage verni par
les fards. En 1681, un des précurseurs de l'Oukiyo-yé,
Moronobou, avait publié sous ce titre mélancolique : *Cent
visages de femmes de ce monde éphémère*, un recueil de
portraits des plus belles courtisanes de son temps. Son
exemple fut suivi par d'innombrables artistes. La vie
des beautés professionnelles de Yeddo fut un des thèmes
favoris de l'école. Elle révéla ainsi quelques exceptionnels
amants de la féminité, de ses grâces, de ses ardeurs et de
ses désordres même. Consumés par la flamme d'une sensualité tantôt délicate, tantôt brutale, certains vivent
et meurent au Yoshiwara.

L'Oukiyo-yé n'imposa pas sans lutte ni du premier coup
ces inspirations nouvelles. Il y eut des polémiques, des
manifestes, des pamphlets contre le « vieil édifice » des
écoles officielles. Les novateurs disposaient d'un merveilleux procédé de diffusion perfectionné par eux, la
gravure. Masanobou était l'inventeur des rarissimes
beni-yé, estampes « au trait rouge ». De 1750 à 1770,
les Kiôcen s'efforcèrent de renouveler les procédés d'impression en couleur. En 1765, Harunobou était maître

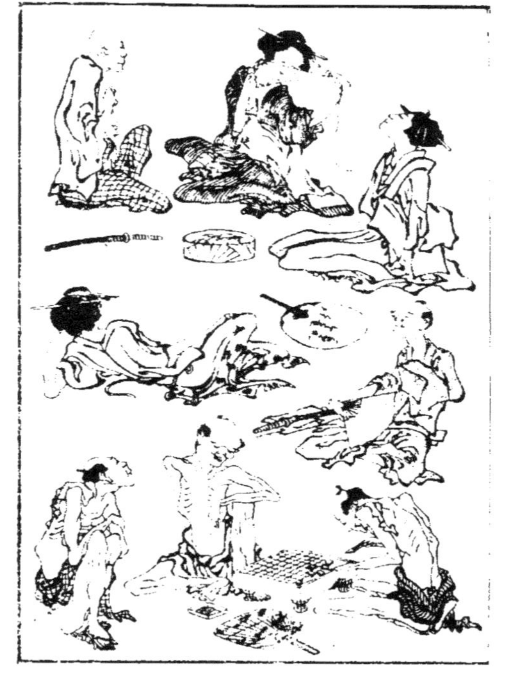
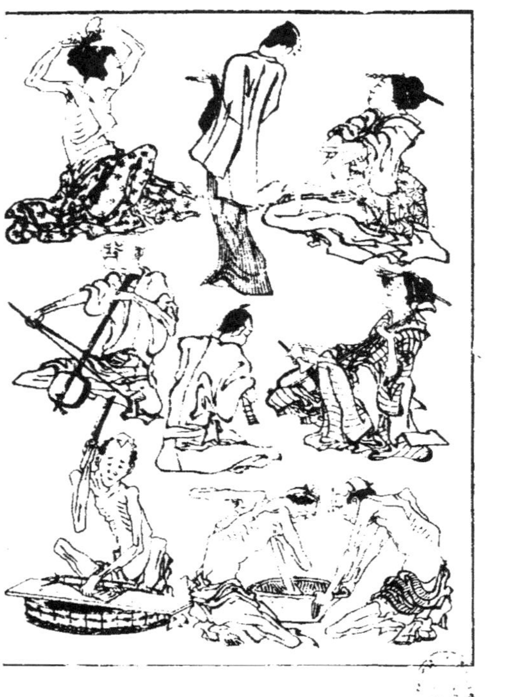

Photo Giraudon.

LES MAIGRES, études tirées de la *Mangwa*.

(Page 418.)

de tous les secrets de la polychromie et substituait définitivement l'estampe tirée en couleur aux impressions
en noir des premiers Tori-i, coloriées à la main, ainsi
qu'aux estampes limitées à deux et à trois tons. Ces
pages légères et pleines de charme, ces aquarelles rehaussées de délicates gaufrures, touchées discrètement d'une
note d'argent ou d'or, dans les épreuves de luxe et dans
les sourimonos, propagèrent dans la foule et auprès de
l'élite même les noms des maîtres nouveaux. L'estampe
en couleurs popularisa le talent, sans le vulgariser.

Mais l'Oukiyo-yé, comme les autres écoles au cours des
âges, portait en elle l'élément qui, à la longue, devait la
transformer et même la scinder. Transformation difficilement discernable d'ailleurs, à cause de la force et de
la verdeur de l'inspiration initiale ; scission qui ne devait
pas aboutir à la naissance d'écoles rivales, fortement
organisées et nanties d'un bagage théorique, mais sensible toutefois dans l'évolution des talents et dans les
jugements portés par certains artistes sur leurs confrères. Un des maîtres de l'école vulgaire, un de ceux qui
la représentent avec le plus de charme et le plus d'é-
clat, Outamaro, eut son point de départ dans l'atelier des
Kano et ne l'oublia jamais. Dès ses débuts, il protesta
contre les derniers Tori-i, ses contemporains, qui se
consacraient exclusivement à peindre les gens de théâtre.
« Je ne veux pas briller à la faveur des acteurs, dit-il,
je veux fonder une école qui ne doive rien qu'au talent
du peintre. » Goncourt, qui rapporte ce trait, prend toutefois soin de noter qu'il a eu sous les yeux un long

sourimono d'Outamaro figurant un drame japonais dans lequel sont réunis dix-sept acteurs... Mais lors d'un succès de théâtre où brilla le grand comédien Itikawa Yaozo, Outamaro remplace les interprètes par toute une troupe d'élégantes jeunes femmes. Les imitateurs de Toyokouni qui se présentent en troupe serrée pour pasticher le maître, sont pareils, dit Outamaro, « à des fourmis sortant du bois pourri ». Et chez le grand Toyokouni lui-même, comme chez Outamaro, comme chez Yeishi, cette exquise atténuation d'Outamaro, ne devons-nous pas reconnaître, en cette fin du XVIIIe siècle une réserve, une distinction, une sobriété qui sont le style, — non pas assurément le calligraphisme abstrait des maîtres officiels, mais souvent le style des purs yamati-sants d'autrefois ? En tête des *Souvenirs de la marée basse*, la critique Toriyama Sékiyen inscrit une protesta-tion enflammée contre l'académisme. Il n'en reste pas moins qu'à ce moment de son histoire, l'Oukiyo-yé, ou du moins l'élite de l'école vulgaire, tend à un art plus aristocratique, plus difficile, sinon dans le choix de ses sujets en général, en tous cas dans l'expression et dans la manière.

Hokousaï fut d'abord un homme d'école, le camarade et l'émule de ces délicats. Puis son indépendance géniale lui fit abandonner les systèmes et les disci-plines, et tenter toutes les expériences qui sollicitèrent sa libre humeur. Il voulut ne se refuser à rien. Toutes choses prirent place dans l'immensité de son art, égale à l'immensité de l'univers. Il fut enivré par le spectacle de la vie et par la multiplicité des formes. Même dans les périodes de naturalisme intense, l'art japonais n'avait rien connu de pareil. Cette fois l'expérience esthétique plonge au cœur même de la vie, sans réticence et sans choix. Les hommes et les bêtes, les humbles témoins de l'existence quotidienne, la légende et l'histoire, les solennités mondaines et les métiers, tous les paysages, la mer, la montagne, la forêt, l'orage, les pluies tièdes des printemps solitaires, le vent allègre des coins de rue, la bise sur la campagne rase, — tout cela, et le monde des songes, et le monde des monstres, — tel est le domaine d'Hokousaï, si l'on peut le limiter à des mots.

Cette œuvre immense et vivante, l'expression la plus complète d'une des deux tendances du génie japonais, a passionné l'Europe. Puis elle a suscité des polémiques. Aujourd'hui encore elle pose d'importantes questions.

D'abord, en dehors des érudits du japonisme, les plus ardents propagateurs de la gloire d'Hokousaï en Occident furent des artistes qui, ayant trouvé en lui un modèle et un exemple, le chérirent, non seulement pour le charme rare et supérieur de sa maîtrise, mais pour l'autorité qu'il conférait à leur propre esthétique. Dès avant la révolution de 1868, qui répandit sur l'Europe les trésors de l'Empire, Whistler et son groupe purent le connaître et l'aimer. Octave Mirbeau raconte comment Claude Monet le découvrit en Hollande, dans la boutique d'un épicier qui enveloppait ses paquets dans des estampes d'Hokousaï, d'Outamaro, de Kôrin, et qui fut heureux de s'en débarrasser, car il trouvait ce papier peu solide.

En 1890, à propos de l'exposition de la *Fine Art Society* à Londres, Gustave Geffroy, le défenseur de l'impressionnisme auprès du public français, dit son enthousiasme et ses raisons dans un bel article de l'*Art des Deux Mondes*. En 1883, Gonse avait fait paraître son *Art Japonais*, où il donne une place considérable à Hokousaï. L'artiste devint peu à peu en Europe le nom le plus significatif du génie de son pays et le maître le plus populaire en Occident, parmi tous les peintres japonais.

Cependant les spécialistes découvraient qu'Hokousaï était à peu près ignoré de ses compatriotes. Le savant Fenellosa[1] critiquait avec sévérité les pages consacrées par Gonse à l'histoire de la peinture dans son grand ouvrage. Le peintre américain John La Farge rappelait à Goncourt[2], à la veille d'écrire sa monographie charmante et si précieuse encore, les conversations qu'il avait eues autrefois avec « les peintres idéalistes du pays » et l'entretenait du « mépris » dont les contemporains d'Hokousaï l'entouraient, le considérant « comme un amuseur de la canaille, un bas artiste aux productions indignes d'être regardées par les sérieux hommes de goût de l'Empire du Soleil Levant ». Dans une thèse richement documentée[3], M. Révon n'hésitait pas à écrire, en manière de conclusion, que les Japonais cultivés

---

1. *Review of the chapter on Painting in Gonse's L'Art Japonais.* Yokohama, 35 p. in-8, et Boston, 1885.

2. *L'Art Japonais du XVIIIe siècle, Hokousaï*, Paris, 1896.

3. *Essai sur Hoksaï*, Paris, 1896.

étaient aussi étonnés de notre admiration pour Hokousaï que nous le serions, par exemple, de les voir mettre Gavarni au sommet de l'art français. En même temps, l'on commençait à connaître les maîtres que l'on a appelés bien improprement les primitifs japonais, on leur trouvait une saveur ethnique plus prononcée et plus significative, et l'on expliquait la vogue d'Hokousaï par ce qu'il y a d'européen, de « phénoméniste », et par conséquent d'accessible au vulgaire, dans son génie.

M. de Seidlitz, dans un ouvrage sur l'estampe japonaise, récemment traduit, commode et bien fourni d'indications précises, essaie d'être impartial dans ce débat. Il se place successivement au point de vue européen et au point de vue japonais. Il les commente l'un et l'autre, — mais, par une curieuse déviation du sens historique, ses principes de japonisant strict se mêlent, s'associent à ses préférences idéalistes et l'entraînent à de surprenantes formules. En somme, « Hokousaï manquait de culture et de génie, il en resta réduit à exprimer les choses externes... ». Et plus haut : « La culture littéraire ne semble pas non plus avoir été son fort, et, comme ses qualités sont des dons tout à fait naturels, il resta ainsi jusqu'à la fin de sa vie un artisan. » Est-il donc impossible de s'élever au-dessus de l'appréciation contingente des contemporains d'un maître ? Est-il bien établi que les sentiments des amateurs japonais les plus délicats et les mieux avertis, en vertu de ce rythme profond auquel obéissent l'art et le goût public dans leur patrie, ne doivent jamais changer ?

Tels sont les extrêmes du déterminisme tainien dans l'histoire de l'art. Même à cet égard, l'on peut dire qu'Hokousaï appartient énergiquement au Japon. Il a exprimé — et c'est là un point que je m'efforcerai de démontrer — un des aspects permanents de l'âme de sa race. Mais surtout ce magnifique artisan dénué de culture révèle par son œuvre une attitude éternelle de l'artiste en présence de l'univers. « Réduit » à exprimer le monde extérieur, limité à des dons « purement naturels », il dépasse l'effort de toute esthétique intellectualiste. C'est un paysan, mais son souffle fait passer sur tout ce qu'il touche le miracle de la vie.

*
* *

Je remercie les amateurs et les savants qui m'ont aidé dans ce modeste travail. M. Migeon m'a permis, avec beaucoup de bonne grâce, d'étudier et de photographier au Louvre les belles pièces de la collection Camondo. M. Kœchlin a bien voulu me communiquer les bonnes feuilles de la remarquable préface qu'il a écrite pour le catalogue de l'exposition Hokousaï. M. Metman, conservateur du musée des Arts décoratifs, s'est appliqué, lui aussi, à rendre ma besogne plus aisée.

Je prie M. Vever de trouver ici l'expression de ma reconnaissance pour tout ce qu'il a fait en faveur de ce livre et de son illustration [1]. J'ai passé près de M. Vever, au milieu de ses merveilles, des heures charmantes et

1. Les chiffres romains placés entre parenthèses renvoient aux illustrations.

vastes. Sa collection n'est pas seulement exceptionnelle
par la richesse et par le choix, elle est l'histoire la plus
intelligente d'Hokousaï, de ses recherches, de ses procédés. Je dois à M. Vever, outre la joie d'avoir pu contempler d'admirables originaux du maître et l'avantage d'en
reproduire un certain nombre, beaucoup d'indications
précieuses et nouvelles. Je souhaite qu'il retrouve dans
cet essai, sinon la *qualité* de son goût, du moins quelques
souvenirs fidèles de nos entretiens

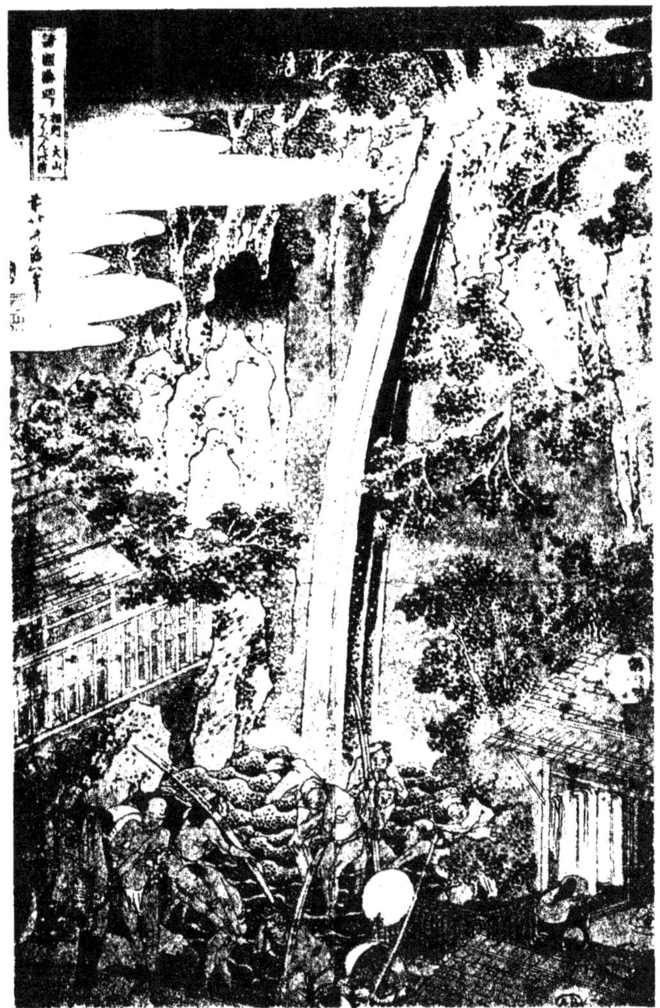

Photo Giraudon.

LA CASCADE DE ROBÈN

(Estampe en couleurs, Musée des Arts décoratifs.)

(Pages 90 et 128.)

PREMIÈRE PARTIE
HISTOIRE D'HOKOUSAÏ

CHAPITRE PREMIER
LES ORIGINES

Le Hondjo. — Shunsho. -- Les livres jaunes.

Près de la grande Yeddo, mais bien loin de ses agitations et de sa rumeur, de l'autre côté de la Soumida et de ses rives bordées de cerisiers, dans le faubourg de Hondjo, vivait, au milieu du xviiie siècle, un artisan nommé Nakajima Icé. Il fabriquait, avec une habileté qui étendit sa clientèle jusqu'aux princes Tokougawa et à la maison du Shogoun, ces miroirs ornés de reliefs singuliers qui, lorsqu'on les regarde d'une certaine façon, transparaissent sur le côté poli, comme une floraison immobile au fond d'un étang.

Il élevait un enfant, dont on ne sait pas les origines, — peut-être son fils, peut-être simplement adopté par lui, et dont le vrai père aurait été Kawamoura Hiroyémou, inconnu comme artiste sous le nom de

Bounsei. Le petit Tokitaro était né dans la dixième année de l'ère Horéki[1]. Il grandit dans le paisible Hondjo, parmi des salines et des jardins maraîchers, au cœur de cette banlieue qui est tout de suite la campagne, à l'ombre des maisons basses. Là sont les boutiques des petits marchands, ouvertes sur la solitude, les métiers et les négoces des cités rustiques, ourdis en silence dans la sérénité des jours. C'est dans la modestie et le recueillement de ces lieux que s'écoulèrent les premières années de l'enfant qui devait illustrer le nom d'Hokousaï. Paix provinciale, paix de campagne qui resta chère à son cœur et dont il tira un pseudonyme auquel il demeura fidèle, *le paysan de Katsoushika*, par allusion au district dont fait partie le Hondjo.

Les premiers visages qui se penchèrent vers lui furent ceux des bonnes gens, ses voisins, les figures rondes et plissées, aux yeux bridés, au large nez, que nous retrouvons épatées d'un sourire de courtoisie et de gaieté à tous les feuillets de tant de beaux livres d'images. Ceux-là, les compères industrieux et point pressés, les indolents fumeurs de pipes, les marchands et les marchandes, les flâneurs des coins de rue, savaient les histoires qu'il faut pour peupler de songes les nuits et

1. 1760, d'après les tables de Bramsen. Le 5 mars, d'après Goncourt, qui suit l'Oukiyo-yé rouikô. Entre le 9 octobre et le 8 novembre, d'après M. Revon. Un an plus tôt, le 31 janvier 1759, d'après une tradition plus contestable. Sur toute cette période, cf. l'excellent chapitre de M. Revon et Bing. *La Jeunesse d'Hokousaï*, dans la *Revue Blanche*, X, 1ᵉʳ avril 1896, p. 310 sq.

les jours, depuis Yamauba et Kintoki dans la forêt jusqu'à Momotaro, l'enfant de la pêche, qui, devenu grand, acquit une force et une prudence surhumaines et fit ses alliés de toutes les bêtes de la terre. Ils enseignèrent à Tokitaro la religion du bonhomme Hoteï, très gros et très bon, le dieu des petits, qui, dans les livres où son image est peinte au naturel, fait la culbute pour amuser les bébés et se roule par terre avec eux en poussant des cris d'allégresse. Rêveries de la petite enfance qui s'épanouissent de nouveau chez l'homme mûr, en même temps que revit et s'impose le souvenir de ce populaire cordial, enjoué, poli, propagateur de contes et de merveilles.

Tel est le milieu moral : la naïveté spirituelle, l'humour sans malice du peuple japonais. Hokousaï vécut ses premières années parmi des hommes qui gagnaient leur existence avec le travail de leurs mains. Dans l'atelier de son père, il toucha des outils, il eut cette grâce de pouvoir assister tout enfant au modelage, au pétrissement de la matière. C'était le temps où la besogne de l'admirable artisan japonais était encore faite d'invention, de patience et de dextérité réfléchie. En voyant travailler Nakajima Icé, il apprit ce que valent la force et l'habileté des doigts de l'ouvrier. En penchant sa ronde figure de petit garçon sur les disques de métal poli où transparaissaient des reflets mystérieux, il connut que, derrière les apparences, se dissimulent d'étranges pouvoirs de suggestion et le charme d'une poésie cachée.

Sa mère lui légua et lui enseigna sa fierté. Cette femme d'artisan appartenait à une famille illustre et déchue. Le jour où les quarante-sept rônins vinrent massacrer le vieux Kira pour venger leur maître, son père, Kobayashi Héhatchiro, se fit tuer bravement aux côtés de ce seigneur. Hokousaï aimait à raconter cette tradition à ses amis. Elle est devenue légende, et certains biographes font de la mère de l'artiste la propre petite-fille de Kira. Au foyer de ses parents, l'enfant apprit à connaître tout jeune et à révérer l'exemple du vassal fidèle [1]. Il restait homme du peuple, il aimait les compagnons de sa jeunesse et de toute sa vie, — mais les souvenirs héroïques qu'il avait appris à chérir fortifiaient en lui son indépendance d'humeur, expliquent son chevaleresque mépris de l'argent, ce qu'il y a de noble dans la misère consentie de sa longue vieillesse.

Tokitaro avait des frères et n'était pas contraint,

[1]. D'après certains historiens, tandis que tout le Japon célébrait la mémoire des quarante-sept rônins et le jour de la grande vengeance, le maître se serait refusé à peindre leurs aventures En réalité Hokousaï a illustré plusieurs fois l'histoire des rônins. On connaît : 1° un triptyque postérieur à 1793 ; 2° plusieurs séries, dont une du format horizontal, 1798 (Seidlitz, p. 205) ; 3° *Cent rôles en vers pour l'histoire du trésor des braves* (les quarante-sept). illustrations signées Hokousaï Shinsei ; 4° le *Kanadéhon Gonitino Bounshô*. Histoire des fidèles vassaux après la vengeance, roman en cinq volumes de Tanshuro Yemba, dont la première composition représente les quarante-sept rônins déposant la tête de Kira sur le tombeau d'Asano, et dont les autres se rapportent à la vie d'Amanoya Rihei, l'armurier des rônins (1808. Goncourt, p. 90 sq.). On pourrait citer d'autres exemples.

selon la coutume japonaise relative aux fils uniques,
de succéder à son père. Il put choisir un métier. L'éveil
de sa vocation artistique se serait fait dans un cabinet
de lecture, où il aurait été d'abord employé quelque
temps. En feuilletant des ouvrages illustrés, il se serait
senti appelé à devenir dessinateur. L'immense production
romanesque du Japon, intarissable depuis l'illustre
Ghenzi-Monogatari, offrait alors aux maîtres de l'école
vulgaire mille et une occasions d'imageries héroïques,
sentimentales ou familières. La ruée des guerriers, les
mêlées épiques du vieux Japon, la complexité barbare
des intrigues féodales, les drames d'amour et les entretiens galants se succédaient tout au long de l'inter-
minable série des cahiers minces. Chaque ouvrage occu-
pait un rayon d'armoire et débordait, et chaque illustration nouvelle d'un livre ancien, apportant au texte
d'autrefois la personnalité d'un interprète qui souvent
était un maître, faisait un roman nouveau. Un monde,
un univers bariolé, passionnant, où les rônins vengeurs
coudoient les poissonniers, où le pêle-mêle amusant d'un
marché succède à une scène d'exercices militaires dans
la cour d'un château fort, où les tengous, sorte de demi-
dieux ahuris et farceurs, tout petits et pourvus d'un nez
d'une aune, tombent de la lune au milieu des conversations les plus délicatement mondaines. Il y a « le monde
bête d'ici-bas », il y a celui des apparitions et des monstres.
Il y a les stupéfiants dialogues de ces adolescents, —
presque des petits garçons, — qui spéculent sur leurs
maîtresses avec une légèreté, une profondeur et une con-

naissance de la femme dont nos psychologues pourraient faire leur profit. Drôleries, élégances, singularités écrites souvent à une époque où l'Occident élaborait la Cantilène de sainte Eulalie ou la Vie de saint Alexis. Merveilleux réseau des histoires les plus belles et les plus anciennes, rajeunies par la fantaisie immortelle des maîtres de l'Oukiyo-yé.

Rien de plus naturel que l'enthousiasme d'un enfant au milieu de toutes ces fictions singulières et charmantes. Rien de plus fréquent que la vocation d'un artiste éveillée par un album d'estampes ou par des illustrations romanesques, à un âge où la verdeur de l'imagination s'en empare et les complète avec une exceptionnelle vigueur. On aime à se représenter la jeunesse d'Hokousaï absorbée par de passionnées rêveries, au milieu de ces figurations innombrables et diverses, de cet arsenal de formes et de sujets qui allaient lui apprendre à regarder l'univers.

A l'âge de treize ou quatorze ans, il entra comme apprenti dans un atelier de graveur et s'en fut habiter une autre partie du Hondjo appelée Yokoami : le premier des quatre-vingt-treize déménagements de sa vie vagabonde. Il prend alors le prénom fantaisiste de Tetsouzo, grave des illustrations pour un *Siaré-bon* et, en 1775, la planche 6 de *La musicienne Koshi*, roman de Santcho, fameux auteur de petites poésies libres. Les ateliers de gravure étaient alors d'actives officines où pouvait se poursuivre librement, loin des académies, toute une éducation des yeux et de la main. Les grands éditeurs de Yeddo ne

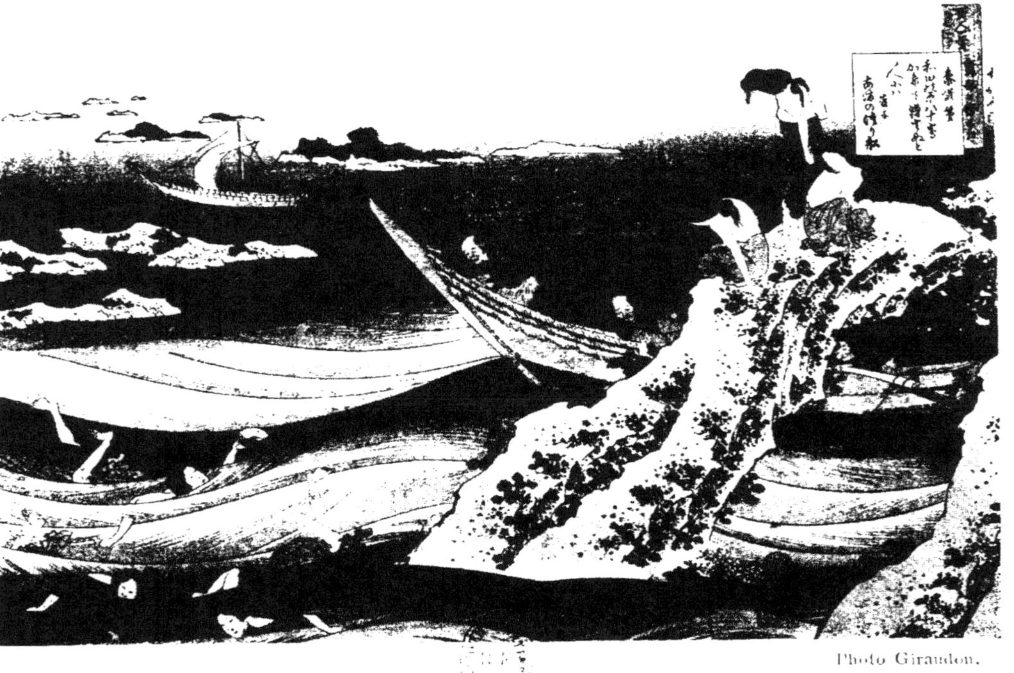

LES PLONGEUSES

(Estampe en couleurs, Musée du Louvre.)

(Page 117.)

laissaient guère chômer les illustrateurs. Les apprentis avaient l'avantage de voir défiler presque chaque jour des dessins nouveaux. La pratique de la gravure leur permettait de se mettre en main, en même temps que l'usage de l'outil, le style et la manière des maîtres les plus divers. Un autre profit qu'Hokousaï tira de son séjour parmi les graveurs fut d'apprendre à contrôler plus tard utilement ses propres interprètes : s'ils étaient tentés de s'écarter du trait ou de modifier quelque détail, de céder à cette manie des graveurs : compléter ou rectifier le modèle, il savait les reprendre avec autorité et les ramener à la stricte observance.

« Jusqu'à dix-neuf ans, dit une note manuscrite rédigée par un ami d'après les souvenirs de l'artiste, mon métier a été celui de graveur ; à cet âge, j'y ai renoncé et je me suis fait peintre. » Jusqu'à dix-neuf ans, c'est-à-dire jusqu'à dix-huit, car la coutume japonaise donne un an aux nouveau-nés. Las d'être un interprète, désireux d'apprendre à sentir et à exprimer par lui-même, il se joignit aux disciples du grand Shunsho.

Shunsho, Shighémasa et Kiyonaga, c'est là l'illustre lignée des continuateurs immédiats d'Harunobou, les beaux coloristes, les maîtres décorateurs. De 1770 environ à 1780, Katsoukawa Shunsho exerça une influence considérable comme professeur. Dans les dernières années du siècle, alors que commençait à dominer le talent de Kiyonaga, Shunsho, suivi par Toyoharu, abandonna l'estampe pour se consacrer tout entier à la peinture, — sorte de retraite dont l'exemple fut imité par Yeishi après 1790, lors de la vogue grandissante d'Outamaro. Très apprécié de son public comme des amateurs modernes, il fit bénéficier de la polychromie les thèmes usés de naguère : la richesse et l'éclat de sa palette ressuscitèrent le genre tombé des premiers Tori-i, la peinture d'acteurs. C'est sans doute aux nombreux élèves de Shunsho, Shunko, Shunyei, Shunzan, Shuncho et Shumman, par exemple, que fait allusion Outamaro, lorsqu'il parle des artistes qui doivent leur réputation à la notoriété de leurs modèles, — et aux imitateurs de leurs imitateurs, la plèbe des petits Tori-i, quand il les compare à une troupe d'insectes sortant d'une solive pourrie. Avec Shunsho, nous sommes encore dans l'épanouissement du décor et dans la magnificence du ton. La répartition des grands noirs mats et fumeux équilibre l'harmonie délicieuse des roses et des violets.

A la fin de la carrière de Shunsho comme dessinateur d'estampes, les tons deviennent plus agressifs et plus violents. La forme évolue vers ce curieux allongement des statures qui est caractéristique chez les contemporains (et non pas chez Outamaro seulement). Signe de raffinement et de fatigue dans l'art de l'Oukiyo-yé, recherche d'une distinction factice qui doit aboutir, vers 1800, d'une part au maniérisme par le manque d'expression des physionomies, l'affectation des attitudes, la limitation de la palette à des gammes sourdes, de l'autre à l'élégance sévère, osseuse et même pointue de Toyokouni.

Hokousaï s'assimila rapidement les procédés de l'école. Bientôt Shunsho l'autorisait à se ranger parmi les Katsoukawa et à prendre, conformément à la coutume des ateliers, la première syllabe du nom du maître. Désormais, de 1780 à 1786, devenu Katsoukawa Shunro, Hokousaï dessine des portraits d'acteurs dans des rôles d'hommes et de femmes et des scènes de théâtre. Surtout, sous divers pseudonymes, il est illustrateur et il est auteur.

Nous les avons vus jadis en Europe, ces charmants bouquins de la fin du XVIIIe siècle, tirés en noir sur du papier vulgaire, humblement ficelés dans la couverture de couleur dont ils tirent leur désignation de *kibiyoshi,* livres jaunes. Au moment où la révolution ouvrait le Japon à l'Europe et dispersait sur l'Occident les trésors de son passé, nos comptoirs les recevaient par ballots. Jamais l'art pour le peuple n'a été plus gracieux ni plus vivant ; jamais il ne s'est moins encombré de prétentions ou de systèmes ; rarement il a enfanté des expressions aussi directes et aussi savoureuses. L'illustration de ces minces cahiers à cinq sols fut le domaine et la ressource de beaucoup de grands artistes au commencement de leur carrière. Outamaro s'y consacra presque exclusivement de 1783 à 1790, s'étant adjoint à partir de 1785 deux élèves qu'il avait formés à la manière des kibiyoshi, Mitimaro et Yukimaro.

Katsoukawa Shunro débuta dans ce genre vers 1780. *La petite violette de Yeddo* est signée du prénom de son enfance, Tokitaro. Jusqu'au jour où il est accaparé par les romanciers, — et même dans les intervalles de cette collaboration, — il ne cesse d'illustrer des kibiyoshi et souvent d'inventer les histoires en même temps que les images. En 1781, il signe Koréwaçai le texte d'un petit ouvrage intitulé : *L'esprit ouvert est très précieux* [1], auquel succèdent, en 1782, *Les Courriers de Kamakoura*, texte de Ghioboutsou — autre incarnation d'Hokousaï, — dessins de Shunro.

Cette fois, c'est une œuvre qui paraît sérieuse, un roman historique, les terribles aventures d'un conspirateur né, Shosetsou, qui tenta jadis sans succès de renverser le gouvernement du troisième Shogoun. Nous le voyons successivement se préparer à sa tâche dès son enfance, se rompre aux exercices de la guerre, revêtir la carapace annelée de cuir verni, le casque à antennes qui font du chevalier japonais une sorte de gros insecte luisant, agile et noir. Un magicien lui enseigne la tactique et des ruses infernales, dont la meilleure et la plus inattendue lui donne, grâce à un sortilège, l'apparence de sept guerriers à lui seul. Alors Shosetsou combine sa conspiration ; il fait égorger les courriers fidèles. Il rêve d'empire et, dans un miroir, se voit en Shogoun. Ses ennemis le serrent de près. Il se bat, il est pris et s'ouvre le ventre, tandis qu'on torture sa mère, sa femme et ses enfants.

La même année, encore un ouvrage en deux volumes

1. D'après Goncourt, *Grâce à un mot galant, tout est permis.*

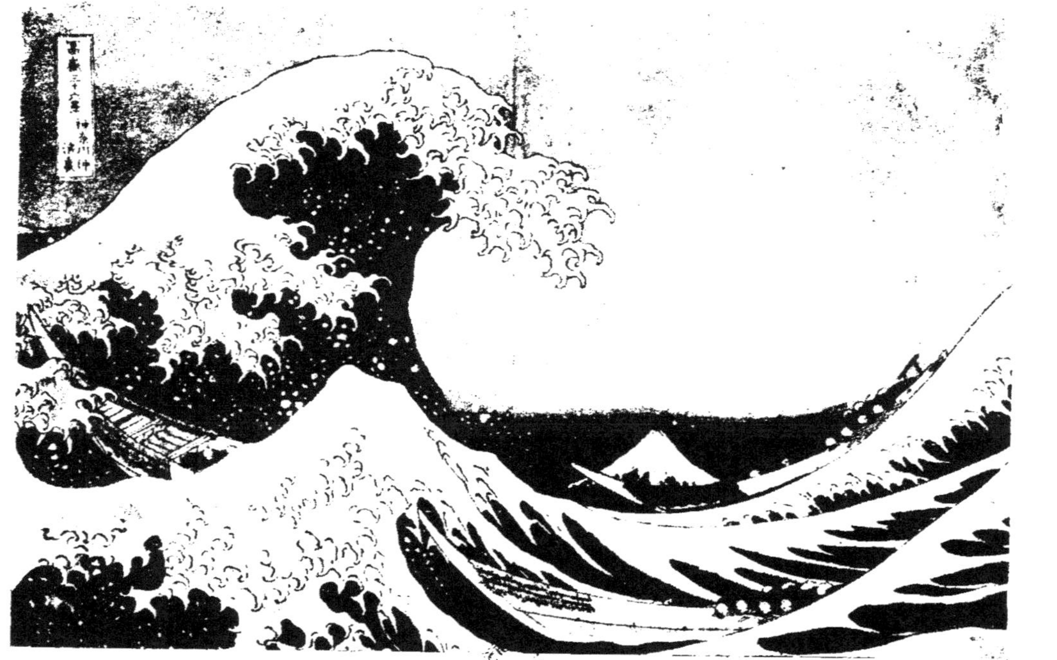

Photo prêtée par M. Vever.

LA VAGUE EN FACE DE KANAGAWA

(Estampe en couleurs tirée des *Trente-six vues du Fouzi-Yama*. Collection Vever.)

(Page 143.)

du fallacieux Koréwaçaï, illustré par Shunro, et qui porte ce titre éblouissant et bizarre comme un feu d'artifice en plein midi : *Les quatre rois célestes des points cardinaux habillés à la dernière mode.* Après cette fantaisie pure, après les conjurations et les massacres, l'artiste passe aux épreuves et aux vertus de la vie religieuse, conte l'histoire édifiante du bon prêtre Nitchiren, fondateur, au Xe siècle, de la secte bouddhique dite hokka, de ce Nitchiren dont une admirable estampe de Kouniyoshi nous montre une si mélancolique pérégrination sous la neige. Enfin Koré açai disparaît et fait place à Ikoujimonaï, « le propre à rien », à d'autres pseudonymes encore, aussi surprenants que les titres des kibiyoshi. Derrière eux se dissimule une personnalité narquoise, la verve et l'attention d'un observateur.

Car le petit paysan de Katsoushika possède des dons de poète, d'humoriste et de narrateur. Jusqu'aux premières années du XIXe siècle, jusqu'en 1804 environ, il reste fidèle à ses goûts d'écrivain, s'amusant à illustrer ses dessins d'un texte. Quel charme entraîne donc le gai compagnon à improviser ces livrets légers ? Sans doute le rien d'excentricité qu'il y a au fond de tout Japonais artiste, l'attrait du lointain, du merveilleux, de l'absurde, le goût d'écarquiller les yeux du populaire, l'amusant d'une invention farce, conçue pour terrifier les méchants et pour encourager les bons, pour gonfler le cœur d'une fille jolie, sans esprit, mais sensible. Il y a surtout la joie de décrire la variété de l'existence humaine sous tous les aspects, le fabuleux et le journalier, la vie, plus mystérieuse qu'un conte, plus enivrante que tous les sortilèges. Hokousaï semble s'intéresser tout d'abord aux légendes du passé, aux intrigues de Shosetsou, à la mort des fidèles courriers. Méfions-nous. Hayashi nous le révèle, il s'agit là d'une parodie du gros roman d'aventures, qui ne fournit pas encore à l'artiste les formidables enchevêtrements et les ruées épiques qu'il inventera plus tard et auxquels il préfère dans son cœur les histoires et les spectacles de son quartier. Véritable écrivain pour le peuple, humour plein de grâce et de talent. *L'Esprit ouvert est très précieux* fut longtemps attribué au fameux romancier Kitao Masanobou, plus connu sous le nom de Kiôden.

Ainsi menant sa vie, Hokousaï finit par épuiser les leçons de Shunsho. Regardons quelques portraits d'acteurs que date, dans son œuvre, la signature Shunro : par exemple Ishikawa Komazo et Osagawa Tsuneyo, ce dernier dans un rôle de femme, — d'autres costumés en gueischas. Le coup de pinceau long et souple, le jet gracieux des draperies, le maniérisme de l'attitude, l'expression des jolies têtes équivoques et fardées, tout cela révèle l'habileté impersonnelle d'un disciple qui s'est bien assimilé les leçons de son maître. Hokousaï ne s'attarda pas longtemps à ces formules toutes faites. Il jetait sans se lasser dans les kibiyoshi le pêle-mêle de ses notes quotidiennes, le trop-plein de son observation et de sa gaieté, mais il voulait encore apprendre et chercher. Pendant les derniers temps de son séjour dans l'atelier Katsoukawa, il se mettait à étudier le grand style

classique de l'académie Kano et soulevait la colère de
Shunsho. Bientôt ce fut la rupture, accompagnée d'un
incident auquel Hokousaï fait lui-même une place dans
l'histoire de son originalité d'artiste. Un jour, près du
pont de Rioghokou, il achevait de peindre l'enseigne
d'un marchand d'estampes. Vint à passer l'un de ses
condisciples, Shunko, qui, trouvant l'enseigne déplo-
rable, « la déchira, dit Goncourt, pour sauver l'honneur
de l'atelier ». Et les témoins de la vieillesse d'Hokousaï
lui auraient entendu dire souvent : « C'est parce que
Shunko m'a insulté que je suis devenu habile dessinateur ». Cette parole révèle, en même temps que le stoï-
cisme du peintre, l'importance d'une rupture qui le
détache d'un milieu trop étroit pour l'indépendance de
son caractère et pour l'ardeur de sa curiosité.

Alors il abandonne le nom de Katsoukawa, sans se
défaire de celui de Shunro, mais transformé en Mugura
Shunro, Mugura signifiant buisson, hérissement ; en
Toshu sono (autrefois) Shunro, — ou bien Shunro tout
court. C'est ce dernier qu'il adopte en général jusqu'en
1794 pour ses illustrations, après une courte période
pendant laquelle il signe Goummatei (1786-1788).

CHAPITRE II

LES RECHERCHES D'HOKOUSAÏ

La tradition yamatisante et le naturalisme des Kano. — Shiba
Kokan et l'influence occidentale. — Hokousaï peintre de l'école
vulgaire.

De la seconde période de la vie d'Hokousaï, qui s'étend
de 1786 aux premières années du XIXᵉ siècle, on peut faire
deux parts, la première consacrée aux recherches de son
inquiète humeur, à ses séjours successifs dans l'atelier
de divers maîtres; celle qui suit, à sa carrière dans l'Oukiyo-yé proprement dite, à ses succès comme artiste
d'école.

Rien de plus obscur, rien de plus contradictoire que
l'histoire de ces hésitations de sa jeunesse, les nécessités
de la vie artistique au Japon le contraignant à suivre
les leçons et la discipline d'un professeur pour se faire
un nom et un public, sa rapidité d'assimilation et sa
soif d'apprendre lui interdisant de se fixer. D'après
certains critiques, dès 1787, il s'attache à étudier
l'art de Tawaraya Sori qui, entre 1764 et 1781,
avait continué la manière des Tosa et des disciples
de Kôrin, sous l'influence d'un maître du XVIIᵉ siècle,

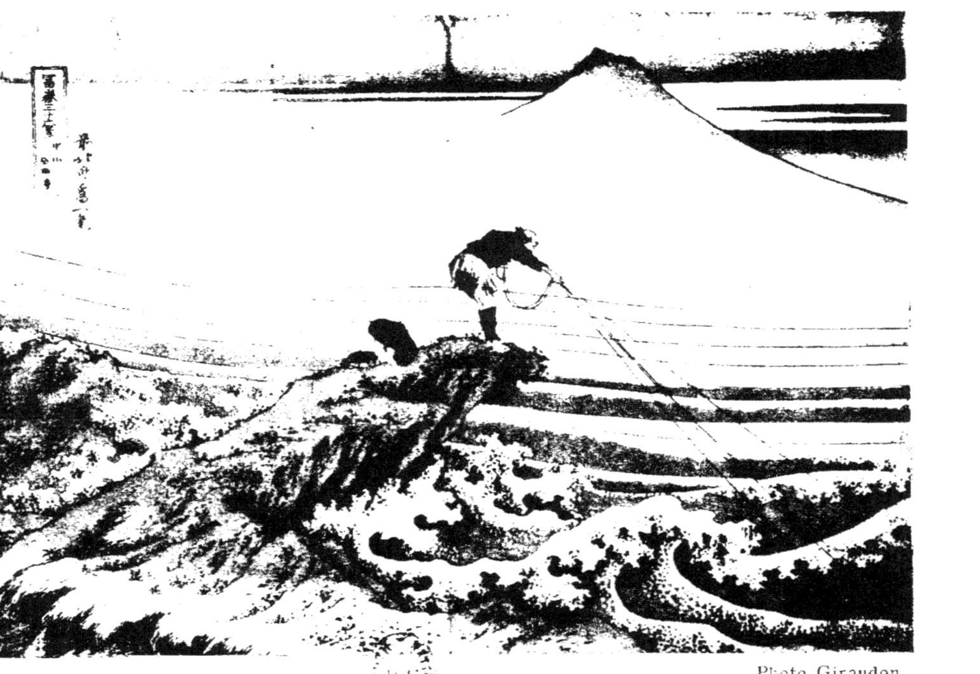

Photo Giraudon.

LE FOUZI-YAMA VU DE LA PROVINCE DE KAHI

(Estampe en couleurs tirée des *Trente-six vues*, Musée du Louvre.)

Page 109.

Tawaraya Sotetsou. Ce qui est sûr, c'est qu'à partir de 1795, Hokousaï lui succéda comme chef d'atelier [1], avec les signatures successives de Tawaraya, Hishikawa, Hiakurin et Hokousaï *Sori*, pour finir par céder ce nom de Sori à son disciple Soji. Selon Bing, en quittant les Katsoukawa, il se rendit tout de suite chez Kano Yosen, et le fait est assez vraisemblable, si l'on songe que, pendant son séjour chez Shunsho, Hokousaï s'était déjà senti momentanément entraîné vers le style des Kano, infidélité qui fut la cause de la rupture. Il est permis de croire qu'il se laissa tout de suite aller sans contrainte à ses préférences. Kano Yosen était, malgré sa jeunesse (il mourut en 1800, à l'âge de trente-sept ans), un des représentants illustres de l'art officiel, de ce que M. Revon appelle avec humour la peinture sérieuse. A l'ombre des institutions séculaires, encouragée par les faveurs du Shogoun et des daïmios, elle continuait à fleurir avec discrétion, en face de l'Oukiyo-yé et des estampes Kano Yosen devait recevoir le titre de *hoghei.n*, — et c'est une sorte de noblesse conférée aux « peintres-lauréats ». Ce maître choisit Hokousaï pour l'emmener avec lui, ainsi que quelques bons élèves et des artistes d'élite, travailler aux restaurations du grand temple de Nikko. Charmant pèlerinage d'artistes, que l'on peut se représenter égayé par des improvisations spirituelles de haï-kaï, — Hokousaï était passé maître dans les tours d'adresse de la poésie populaire, — et par des concours

---

1. Il ne s'agit pas là d'une succession directe. Hokousaï aurait reçu de seconde main le nom de Sori.

de croquis. La littérature japonaise abonde en récits de ces excursions en bande, en souvenirs de joyeux pique-nique, notés avec l'élégante et suggestive concision propre à ces merveilleux artisans du mot. Mais Hokousaï devait s'arrêter en cours de route et reprendre tristement le chemin de Yeddo. M. Revon[1] raconte avec agrément cette aventure, d'après le *Rouiko beppon* : « Lorsque Kano Youcenn et sa suite arrivèrent à Outsounomiya, le maître consentit à peindre, à la prière de leur hôtelier, une esquisse qui représentait un jeune garçon faisant tomber les fruits dorés d'un arbre au moyen d'un long bambou ; Hoksaï, examinant la composition avec un autre compagnon de Youcenn, lui dit que ce dernier ne voyait pas clair dans les choses du dessin : car, bien que l'extrémité du bambou dépassât le niveau des fruits, le garçon se dressait néanmoins sur la pointe des pieds pour les atteindre ; Youcenn, à qui le propos fut rapporté, entra en grand courroux, expliquant que son intention était de faire apparaître la maladresse et l'ignorance plaisantes du jeune maraudeur, et que Hoksaï aurait dû tâcher de comprendre son maître avant de le criti-quer ; puis il le renvoya sur-le-champ... »

De son admiration pour l'école des Kano, de ses études chez un de leurs plus illustres représentants à la fin du xviiie siècle, Hokousaï passe à d'autres recherches, à d'autres maîtres. Mais il est curieux de constater que, depuis sa rupture avec les Katsoukawa, il ne sollicite

1. *Op. laud.*, p. 67, 68.

plus les leçons de l'école vulgaire proprement dite : ce n'est pas qu'il s'attache à de purs académistes, qu'il s'épuise à atteindre le style, mais il s'adresse à des artistes qui continuent — lointainement et sans grand éclat, à vrai dire — les traditions d'un passé plein de sève et d'originalité, profondément d'accord avec les aspirations et les nuances intimes de l'âme japonaise.

Sans doute, les Tosa, les Kano, Kôrin, ce sont là, si on les envisage historiquement, à leur place dans le développement de l'art japonais, des styles bien différents, des disciplines qui souvent s'opposent. Mais aux dernières années du XVIIIe siècle, l'étude de leurs manières, entreprise par Hokousaï sous la direction de leurs descendants, n'est pas la marque d'une indépendance sans choix, d'une avidité incohérente. Les peintres de la courtisane, les peintres d'acteurs commencent à s'immobiliser et à se répéter. S'il arrive qu'ils cherchent à se renouveler, c'est sans rajeunir leur inspiration, sans sortir des limites qu'elle impose à leur art. En face d'eux, et dans une sorte de pénombre, les maîtres d'autrefois ont plus de force et plus d'autorité. Les différences qui les séparaient sont atténuées par les siècles, qui font oublier les théories. Ils se présentent comme de grands poètes de la forme et d'admirables décorateurs. Les Tosa sont l'expression d'un raffinement dans la pensée et dans les mœurs qui, par comparaison, aux yeux d'un chercheur, d'un homme jeune, d'un artiste enthousiaste, fait paraître vulgaire et monotone l'art des cabotins et des filles. Admirables comédiens ! Courtisanes parées comme des princesses, graves, savantes, polies comme elles ! Mais la vie est diverse et ne se limite ni aux tréteaux d'un spectacle ni aux grillages du Yoshiwara. Chez les Kano éclate toute la puissance du vieux naturalisme enseigné par la Chine, du jour où les provinces côtières, devenues indépendantes à la faveur des désordres qui ravagèrent l'empire, eurent renoué avec elle. Il y a les animaux, les oiseaux, les insectes, les fleurs et les plantes, et les Kano d'autrefois proclamaient que leur beauté naturelle était supérieure à la discipline d'un maître. Kôrin est varié, profond et rare : il unit ces dons, naguère contradictoires, — l'élégance raffinée du trait, un graphisme dont la poésie a quelque chose d'ésotérique, et d'autre part une curiosité aiguë de la vie, l'art de dégager spontanément ce qu'il y a, dans les apparences, d'humour, de bonhomie et de tendresse... Il ne faut pas en être surpris, l'homme qui devait donner au Japon la plus forte et la plus complète leçon de réalisme vivant était appelé à choisir ses maîtres, entre 1786 et 1796, non parmi des contemporains fatigués, sur le point de devenir à leur tour académiques et « poncifs », mais, en remontant les années, parmi les anciens artistes, dont les disciples avaient dénaturé la leçon.

Chassé par Kano Yosen, Hokousaï, à l'école de Teno Torin, se pénétra du naturalisme des Sesshiou, mais à travers la grâce nerveuse de Kôrin, dont dérivait l'atelier où il entrait. C'est en ce temps qu'il improvisait, en collaboration avec le second Torin, dans une maison de danses, un célèbre dessin, aujourd'hui perdu, de panier

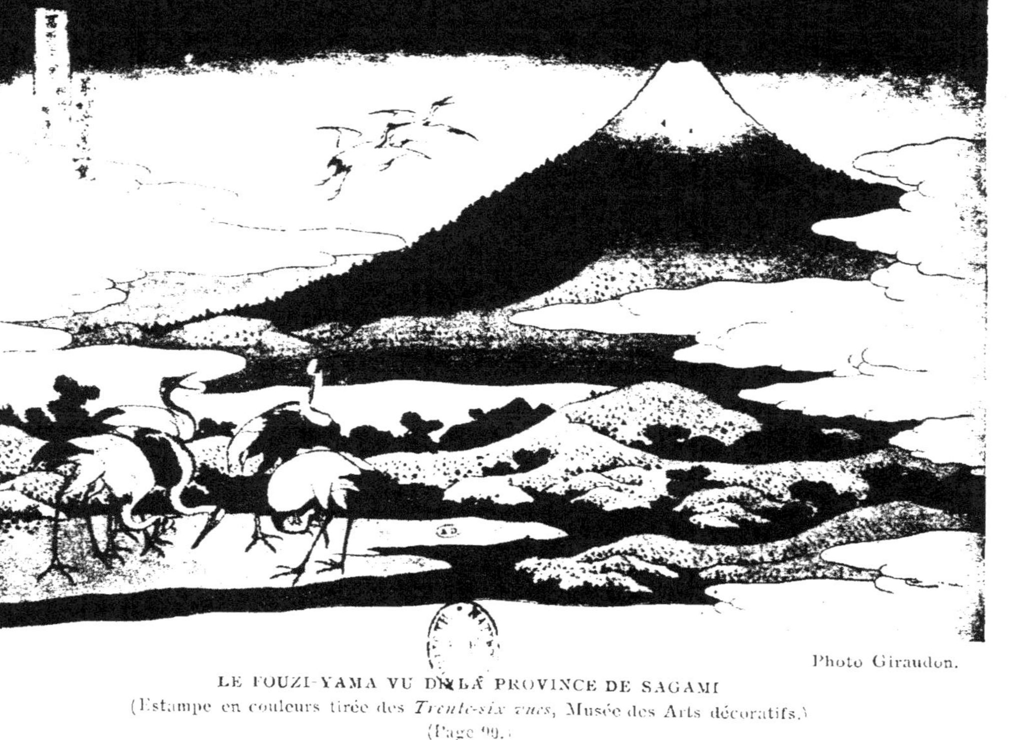

Photo Giraudon.

LE FOUZI-YAMA VU DE LA PROVINCE DE SAGAMI
(Estampe en couleurs tirée des *Trente-six vues*, Musée des Arts décoratifs.)
(Page 99.)

fleuri. Chez Soumiyoshi Hiroyouki, il retrouvait ensuite, avec un reflet des antiques élégances du Yamato, quelque chose de ce raffinement qu'il avait peut-être aimé déjà, dès 1787, dans les œuvres de Tawaraya Sori, le maître dont il allait prendre le nom et relever l'atelier.

* * *

Cependant il faisait l'expérience de la vie misérable. Misère pure et gaie des jeunesses d'artistes, elle inaugure par la bohême la détresse de sa maturité et de ses vieux jours. La pauvreté débile de sa décrépitude le rend vénérable : elle continue avec logique le dénuement de ce sans-le-sou candide qui croit pouvoir en même temps poursuivre ses études, chercher en indépendant, se faire chasser par ses maîtres et travailler pour les éditeurs. Toute son ingéniosité ne le faisait pas vivre. Il connaissait pourtant ces ruses auxquelles accule la férocité de l'argent nécessaire, s'il est vrai qu'il faille expliquer ses fréquents changements de nom par la hâte qu'il mettait à les vendre à des élèves, dès qu'il les avait rendus célèbres. Mais c'est là une expérience à laquelle il ne pouvait songer, lors de ses débuts. Vint un jour où il dut abandonner les pinceaux. Pareil aux bonshommes dont il couvrit plus tard les feuillets de la *Mangwa*, il vendit dans les rues «les sept couleurs du poivre rouge » et. dans le dernier mois de 1788, les calendriers que les bonnes gens accrochent à un clou, au-dessus du brasero. Il gagnait peut-être deux sous par jour. Après un terrible hiver, lorsqu'approcha le temps de la fête des garçons, il reçut la commande d'une oriflamme sur laquelle il devait représenter l'image du dieu Shoki, armé d'un glaive pour chasser les diables. Il fut payé deux rios, adressa de ferventes actions de grâces à Miokenn, génie de la Grande Ourse et du bon hasard, et se remit à travailler. Il devait toujours conserver son culte pour Miokenn et, quelque temps plus tard, quand il céda à son disciple Soji son nom de Sori, c'est par reconnaissance envers le dieu de la Grande Ourse qu'il résolut de signer désormais Hokousaï Shinsei, que l'on peut traduire par « le génie de la constellation du nord » [1].

Avant cette date, il étudia longtemps encore, notamment les maîtres chinois de l'époque des Ming. Mais l'influence la plus intéressante qui se soit exercée sur la formation de son talent au cours de ces années — nous pouvons la constater en 1796 — est celle d'un curieux

1. D'après Anderson, ce nom signifierait « le peintre de l'atelier du nord » et s'expliquerait par l'orientation de la demeure d'Hokousaï à cette date. D'après M. de Seidlitz, p. 205, on le voit apparaître pour la première fois en 1790, dans le *Mitate Shushingura*. D'après Goncourt, p. 35, en 1797, comme signature de la planche qui illustre *Les légumes verts* ; et, p. 21, en 1798, sur un sourimono. « Mais ce n'est qu'au jour de l'an 1799 qu'il annonça officiellement son changement de nom, *Sori changé en Hokousaï*... Il prend le prénom de Tokimasa... et dans les derniers mois (de 1800) *Hokousaï fou de dessin*, en japonais *Gwakiojin Hokousaï*. » Tokimasa Taïto est un nom dont il se servit vers la même époque et qu'il céda plus tard (1820 ?) soit à Shighénobou, l'un de ses gendres, soit à un disciple, Kameya Sabouro, qui s'établit à Osaka, essaya de se faire passer pour le maître et mérita par là le surnom de « chien d'Hokousaï ».

artiste très mal connu, Shiba Kokan. Ce fut lui qui révéla
l'art de l'Occident à Hokousaï. Jusqu'à présent les œuvres
et la personnalité de cet important intermédiaire
sont difficilement pénétrables. On dirait même qu'il a
pris plaisir à nous dérouter, puisqu'il est surtout célèbre
comme faussaire. Après la mort subite d'un peintre de
l'Oukiyo-yé, il imita sa manière au point de tromper les
amateurs les plus éclairés, d'autant plus qu'il n'hésitait pas à signer du nom de son modèle. D'ailleurs il
nous raconte lui-même l'anecdote. On peut noter là un
trait caractéristique des mœurs japonaises en art. Au
même titre que la cession des pseudonymes dont nous
avons parlé à propos d'Hokousaï lui-même, il montre
ce qu'il peut y avoir de servile et d'impersonnel dans
l'habileté des talents secondaires, — ceux qu'un grand
artiste enrichissait de sa propre réputation et qui per-
pétuaient aveuglément sa manière.

Shiba Kokan avait vécu à Nagasaki. C'est là qu'il
apprit à connaître l'esprit et la technique des écoles
européennes. Les membres de la concession hollandaise,
confinée à Hirado, furent ses informateurs. Depuis longtemps des échanges avaient lieu, mais ils n'avaient
déterminé aucune influence. La Hollande appréciait la
porcelaine du Japon, mais pour sa matière même et
pour les ressources industrielles des artisans, non pour
le décor. Une fabrique de vases pour l'exportation avait
été créée ; elle ne faisait que fournir la pâte et l'ouvrier :
le galbe et l'ornement étaient copiés sur des modèles
d'Europe. Quant aux estampes en taille douce colpor-

tées par les courtiers hollandais, il n'est pas étonnant qu'elles n'aient pas excité plus tôt la curiosité ou l'émulation. J'ai eu récemment la bonne fortune de découvrir et de pouvoir étudier à Lyon, dans une collection particulière, un document assez curieux pour l'histoire de cette influence. C'est un recueil de portraits historiques, gravés à la fin du XVIIe siècle dans un atelier de Hollande ou d'Allemagne, avec une froideur, une gaucherie et une lourdeur de burin tout à fait barbares. Les planches sont collées avec soin sur les feuillets d'un magnifique album, remontant aux années dont nous nous occupons. Leur coloriage à la main, en bleu, en rouge, en jaune et en vert, est d'une brutalité acide et naïve. Elles appartenaient probablement à la collection de quelque amateur de curiosités exotiques, — et leur singularité primitive lui inspirait sans doute le même étonnement intrigué que l'art thibétain ou polynésien à un raffiné contemporain qui ne se refuse à aucune sorte de dilettantisme. Outre ces œuvres tout à fait inférieures, le Japon connut des reproductions gravées d'après les maîtres des écoles septentrionales, des paysages et des intérieurs flamands, — et c'est vraisemblablement d'après un de ces modèles que Shiba Kokan, habile contrefacteur, excellent technicien, exécuta ses essais de gravure en creux, les premiers que l'on puisse attribuer à un artiste japonais.

Les éléments d'une information sûre nous font défaut pour apprécier le caractère et la valeur de l'influence que Shiba Kokan a exercée sur Hokousaï. Toutefois, s'il est permis d'avancer une hypothèse de ce genre, il n'est pas interdit de supposer que le réalisme de l'art flamand, que sa bonhomie, son goût pour la vérité individuelle des types, pour la truculence de l'inspiration, aient éveillé une curiosité sympathique chez le grand artiste populaire, chez l'homme qui devait consacrer une partie si vaste de son œuvre, non pas, sans doute, à la joie de vivre et à l'expansion des bonheurs intimes, mais aux misères, aux labeurs et aux farces des vieux, des pauvres et des simples. Surtout, il eut la révélation de la perspective, il conçut que l'espace et la profondeur peuvent être représentés sur un plan. Par son exemple, il allait léguer cette nouveauté considérable à tous les maîtres du XIXᵉ siècle, et l'on peut se demander, non seulement s'il n'appliqua pas cette découverte sur-le-champ, — c'est là un fait, — mais même s'il ne fut pas amené par elle à l'étude du paysage. D'ailleurs il a compris les dangers de la science nouvelle, il ne s'en est servi qu'avec mesure, il a su l'adapter, — et il arrive aussi qu'il s'en passe. En tous cas, les douze paysages de 1796 et les vues du lac Biwa portent les traces d'une influence européenne : les premiers portent une signature horizontale, contrairement à la verticalité de l'écriture japonaise [1].

1. Hokousaï a lui-même illustré, en 1803, un ouvrage qui intéresse l'histoire de l'influence occidentale au Japon, *Récits divers sur les trois pays* (Japon, Chine, Hollande), deux volumes d'Oghitaké, planches signées Kako. D'après le *Katsoushika*

C'est à peu près vers la même époque que quelques occidentaux, obscurs, isolés, commençaient à connaître le nom d'Hokousaï. Le capitaine et le médecin d'un vaisseau hollandais, visitant Yeddo, commandaient à l'artiste quatre makimonos. Lorsque l'artiste vint les livrer, le médecin discuta le prix convenu, sous prétexte que, son traitement étant inférieur à celui du capitaine, il ne devait pas payer le même prix. Hokousaï, malgré sa misère, remporta les deux makimonos commandés par le client indélicat. Comme sa femme le lui reprochait, il lui dit : « Je ne veux pas qu'un étranger puisse croire qu'un Japonais a deux paroles. » Et encore : « Je préfère la pauvreté à un piétinement. » Par la suite, il devait envoyer à Nagasaki un nombre considérable de dessins destinés aux étrangers, jusqu'au jour où le Shogoun, continuant contre les Hollandais une politique de prohibition inaugurée en 1790, interdit un commerce qui dévoilait la vie japonaise aux yeux des barbares.

Hokousaï den, l'artiste connaissait la peinture à l'huile, il s'y serait exercé et nous en aurions la preuve (Revon, p. 325) dans la facture plâtreuse de ses touches de gouache. En tout cas, c'est vraisemblablement aller bien loin que de voir dans les tons bleutés des vues du lac Biwa un souvenir des gris marins de Ruysdael. C'est aller plus loin encore que de prétendre, comme certains critiques américains, qu'Hokousaï a copié des dessins ou des eaux-fortes de Rembrandt. Toutefois, il est certain qu'il connaissait la technique de la gravure sur cuivre. Dans le *Riakougwa hayashinan*, il caractérise les différences entre le procédé de la gravure en creux et le procédé du bois. Il a donc été à même de juger par comparaison. Mais nous ne savons rien de plus.

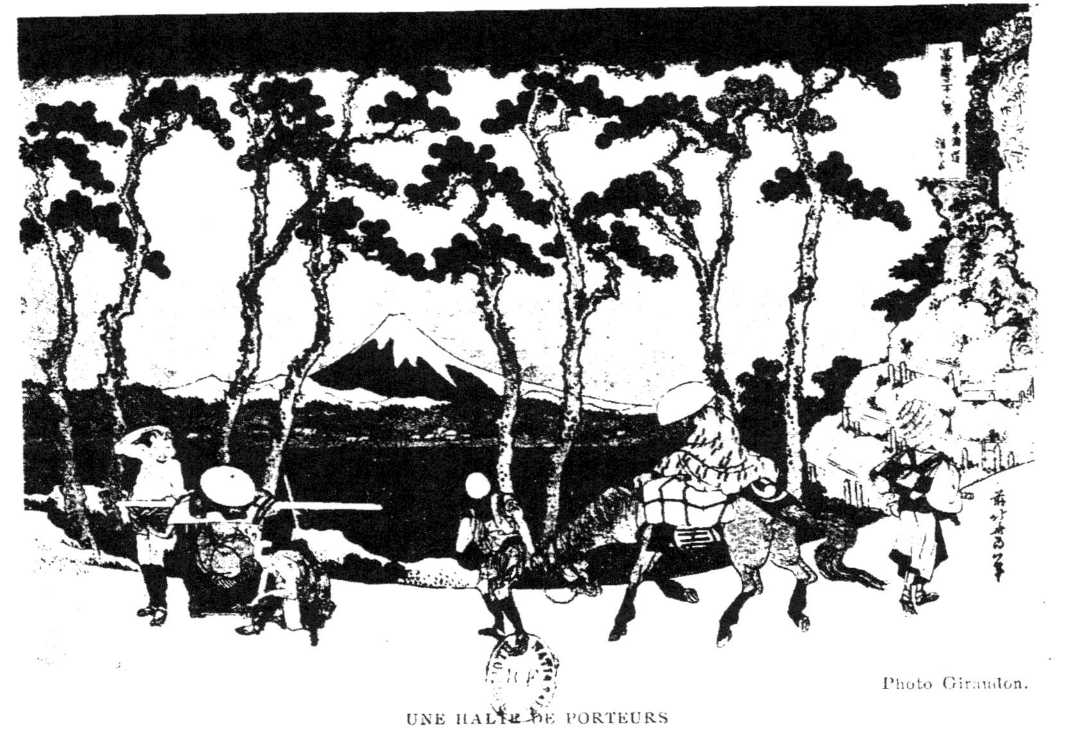

Photo Giraudon.

UNE HALTE DE PORTEURS

Estampe en couleurs tirée des *Trente-six vues*, Musée du Louvre.)

(Page 142.)

*
* *

Les derniers Kano, les descendants des Tosa et de
Korin, enfin Shiba Kokan et, par lui, un reflet de l'art
occidental et la connaissance de la perspective, tels sont
en dernière analyse les éléments que, par une enquête
personnelle, librement menée, Hokousaï fait entrer dans
sa culture d'artiste, à une époque où nous pouvons les
signaler d'après les textes, sans pouvoir encore constater
nettement pour chacun d'eux la place qu'ils occupent
dans son activité de créateur. Mais si nous enregistrons
les propos des critiques sur son œuvre pendant la période
1796-1804, jugée d'ordinaire comme l'apogée de son
talent, nous devons croire qu'il a tout copié, tout
pastiché et qu'il est le roi des improvisateurs imper-
sonnels. Pour M. de Seidlitz, ses guerriers appartiennent à Shunyei, ses paysages à Toyoharu. Il a subi
aussi l'influence de Shighémasa. Pour Bing, il relève
de Kiyonaga [1]. Pour d'autres encore, de Mataioshi.
La collection de ces jolis noms aux voyelles chantantes
traduit les impressions successives des amateurs devant
une œuvre immense déjà, et très diverse. Originalité
singulière que ce pêle-mêle de souvenirs, création hété-
roclite à laquelle chaque contemporain apporte sa part

1. Influence particulièrement sensible, d'après M. de Seidlitz,
p. 213, dans le tryptique des rônins et dans une estampe séparée
représentant Kintoki tenant un ours dans ses bras, avec un
aigle perché sur son épaule, planche signée Shunro.

de collaboration et où l'on voit figurer le talent de tous
les maîtres de l'Oukiyo-yé, — sauf Hokousaï. Cette sorte
de puzzle est peut-être le chef-d'œuvre d'une école de
critiques habiles à faire entrer de force l'histoire d'un
siècle dans l'histoire d'un homme.

Toutefois il est bien certain que l'originalité d'Hokousaï comme peintre et dessinateur d'estampes dans
les dernières années du xviiie siècle et les premières du
xixe ne répond pas tout à fait à l'indépendance de son
caractère et à ce que nous avons appelé la personnalité
de ses études. Aux grands maîtres des féminités japonaises, il doit notamment beaucoup. Kiyonaga nous
montre la femme de son pays un peu courte, épanouie
et fine tout ensemble, « d'une râblure junonienne », dit
Goncourt. La sensualité amoureuse d'Outamaro caresse
des formes graciles, des jambes minces, des torses joli-
ment modelés, mais sans ampleur, visibles dans l'entre-
bâillement d'un peignoir. Il nous révèle tous les caprices,
ardents ou gracieux, de la Japonaise et, dans le dessin
d'un beau col mince qui se penche ou qui se retourne,
dans la tension nerveuse d'un bras ou d'une jambe qui
frémissent de volupté, il met le charme d'une faiblesse
élégante et toute la fièvre raffinée du plaisir. Yeishi est
le peintre de la délicate : dans les maisons de thé, au bord
de la Soumida, il s'arrête à la contempler, et par delà
l'exquis d'une gamme toute en nuances, à travers la
joliesse des formes et des attitudes, nous discernons
une sorte de mélancolie subtile qui est de l'artiste le
plus sensible, et d'un poète. D'Outamaro Hokousaï a

retenu ces gracieux contournements du corps (pl. III), son allongement, cette grâce souple qui fait ressembler la ligne de la Japonaise à la courbe d'un sabre. A la palette de Yeishi appartient toute une période de tonalités atténuées, — tantôt la gamme gris, rose et jaune, tantôt la gamme jaune, vert et bleu, réveillées, chez Hokousaï, par une note ardente. Cette discrétion du coloriste, nous la verrons aboutir plus tard à son maximum d'effet et de simplicité dans les grandes séries de paysages.

A cette époque, ses collaborations mêmes indiquent la place considérable qu'il occupe dans l'école. En 1797 paraissent *Les Cordelettes du saule pleureur*, illustrées par Hokousaï, Yeishi et Shighémasa. La même année, c'est encore *La brume de la campagne*, où le nom de l'artiste figure en compagnie de ceux de Shighémasa et et de Tsoukané. En 1798, le *Dan Tôka*, recueil de chansons de danse pour hommes, groupe les illustrateurs les plus célèbres, Yékighi, Torin, Yeishi, Shighemasa, Outamaro et, parmi eux, Hokousaï. Enfin, en 1804, il est le collaborateur de Toyokouni, pour *La Vengeance d'un singe chéri*.

Il continuait à couvrir les kibiyoshi de ces amusants dessins par lesquels il avait commencé sa carrière [1]. Entre

1. En 1800, la signature Tokitaro Kako apparaît sur le titre de deux « livres jaunes » dont il est à la fois l'auteur et l'illustrateur : *Simple histoire du général Kamado* (Fourneau), *Compositions instructives pour les enfants*. En 1803, nous la retrouvons sur un *Livre de cuisine rapide*, sur d'autres ouvrages encore, au titre intraduisible, et jusqu'en 1811, date à laquelle paraît la *Nouvelle édition de l'histoire du bandit Koumaçaka*. Auparavant, en

temps, en 1793, il inaugurait l'admirable série des sourimonos, ces charmantes petites estampes, précieuses,
feutrées, rehaussées de gaufrures et de lueurs métalliques, qui, dans son œuvre immense, forment une
œuvre à part, considérable à elle seule, délicate et somp-
tueuse à la fois, toute pleine de grâce, de luxe et de génie.
Ici, la fantaisie de l'observateur humoriste se trouve
associée à la rareté de la matière et à la beauté de l'exécution. Tout est prétexte à l'ingéniosité de son caprice,
— faire-part, compliments de nouvelle année, invita-
tions à des cérémonies de thé [1]. C'est peut-être là que
l'on peut le mieux suivre les progrès de l'originalité
d'Hokousaï, son labeur personnel à côté de son labeur
de disciple, ses études d'après nature, ses croquis d'objets familiers. Les grands sourimonos représentant des
femmes, datés de 1798 et des années suivantes, montrent,

1792, Hokousaï avait illustré un roman de Kiôden, *L'antique
légende de Momotaro*, et c'est en 1794 — Bakin avait débuté trois
années plus tôt — que commencent les relations entre cet auteur,
le plus fameux des romanciers japonais, et l'artiste qui, pendant
une partie de la période suivante, sera son illustrateur attitré.

1. Il débute par un billet de concert au dos duquel on lit ces
propos d'un musicien, que nous a conservés Goncourt : « Malgré la grande chaleur, j'espère que vous êtes en bonne santé,
et je viens vous informer que mon nom est changé, grâce à mon
succès près du public, et que, pour célébrer l'inauguration de
mon nouveau nom, le quatrième jour du mois prochain j'organise
un concert chez Kioya de Rioghokou, avec le concours de tous
mes élèves, un concert de dix heures du matin jusqu'à quatre
heures du soir, et qu'il fasse beau ou pluie, je compte sur l'honneur de votre visite » (sourimono de 1793, signé Mougoura
Shunro).

dit justement Goncourt, qui les a étudiés avec amour, un
effort pour échapper à la grâce mignarde, poupine et
conventionnelle des premiers temps, pour aboutir à des
créatures plus amples, à la véritable grâce féminine
(pl. II). Il y a encore les chevaux, les singes, les
tortues, les animaux du zodiaque figurés par des
jouets, deux faisans sous un prunier, deux hirondelles
volant au-dessus de la neige. Il y a les femmes, cette
charmante amazone de la collection Vever, par exemple (pl. IV), les enfants qui l'accompagnent, les marion-
nettes, les cérémonies de la toilette, la visite chez l'hor-
ticulteur, le repos au jardin. Il y a les marchands de
joujoux, de nattes et de perruques. Il y a — à partir
de 1801 — les séries de natures mortes et — à partir de
1802 — les séries de paysages.

En analysant, après l'influence de divers maîtres,
l'action, d'ailleurs assez obscure, que Shiba Kokan put
exercer sur Hokousaï, nous avons vu qu'entre autres
résultats, elle avait eu probablement pour effet de déterminer l'artiste à étudier le paysage. Dans la partie de
son œuvre qui date de la période 1786-1804, au cours
de laquelle il faut surtout voir en Hokousaï moins
un maître personnel qu'un artiste d'école, un « oukiyo »,
sa production comme paysagiste ne se limite pas aux
douze impressions de 1796, aux huit vues du lac Biwa.
Avant 1800, il publia quatre séries des stations du
Tokaïdo, la fameuse route de la mer orientale, le
long de laquelle se succèdent pour la joie des yeux les
sites les plus beaux et les plus variés, admirable pèleri-

nage de nature et d'art qui devait inspirer par la suite tant d'artistes japonais et, à leur tête, le grand Hiroshighé. Une cinquième série parut en 1801. A la même époque appartiennent la grande vue de la Soumida, les trois volumes du *Coup d'œil sur les deux rives*, la réimpression en couleur (1802) des planches en noir (1799) de la *Promenade de l'Est*, c'est-à-dire dans Yeddo, capitale de l'Est.

C'est encore là l'effort d'un homme qui débute dans un genre dont il n'est pas maître et dont il ne sent pas toutes les ressources. De longues nuées traversent les paysages de ville et de campagne, où elles font planer de roses vapeurs. Mais l'adresse avec laquelle Hokousaï peuple ses compositions de bonshommes et de scènes populaires rappelle et impose la maîtrise de l'illustrateur qui tient le meilleur de son talent de l'observation directe, exercée chaque jour par des croquis, fixée à chaque page des petits livres jaunes. Habileté plus sensible encore dans les paysages mieux établis et mieux aérés de *Montagnes et Montagnes* (1804), suite de vues pittoresques des sites qui entourent la baie de Yeddo, accompagnées de poèmes par Taïguenteï. La vie circule partout avec une verve comique ou une grâce émouvante. Deux ivrognes titubent et font sourire. Un balayeur nettoie la route devant deux belles promeneuses. Un marchand forain fabrique devant des badauds des caramels pour les enfants. Un amateur d'antiquités prend l'estampage d'une inscription commémorative. L'artiste

fait intervenir les variations du temps et des saisons, les fureurs du ciel, sa poésie mélancolique. La violence de la pluie et du vent écrase contre les fortifica-
tions d'Okhido toute une famille de touristes, trousse
allègrement les jolies filles en fuite. La neige tombe
sur une Japonaise en capuchon noir, sœur de la célèbre
promeneuse sentimentale d'Harunobou, dont je retrouve
encore une petite parente dans les *Cent Vues* d'Hiroshighé. Art vivant et simple, sans recherche de palette,
d'une singulière suavité de ton...

A la même époque, pour répondre sans doute aux
détracteurs de l'école vulgaire, le collaborateur d'Outamaro, d'Yeishi, de Shighémasa et des autres maîtres
de l'Oukiyo-yé montrait qu'il était capable de s'élever
au-dessus d'une inspiration jugée éphémère et sans portée
par la critique savante et par les peintres de la vieille
tradition. A l'occasion de la fête de la déesse Kand-
zéon, le 23 mai 1804, il exécutait en public une figure
gigantesque de l'ascète légendaire Dharma. Il y avait
eu jadis au Japon une école vouée exclusivement à la
peinture de sujets religieux de dimensions colossales.
Un fabricant de thé, Takata Kého, avait reçu les leçons
du prêtre Kokan Osho, fameux dessinateur de démons.
Nous ne trouvons nulle part la trace d'un maître d'Hokousaï dans cet art singulier : il est probable que son
exceptionnelle virtuosité lui permit de se passer d'un
professeur et qu'il apprit seul à exécuter ces amusants
prodiges. Sur une feuille de papier de deux cents mètres
carrés, Hokousaï, armé d'un balai trempé dans un ton-

neau d'encre de Chine, courut en tous sens, excitant la curiosité admirative de la foule. Quand il eut terminé, on dressa des échelles, on hissa le dessin, sur lequel on vit paraître le buste du Dharma. L'artiste devait plus tard renouveler cet exploit, lors de son voyage à Nagoya, en 1817. Entre 1804 et 1806 selon les uns, après 1817 selon les autres, il continua ces sortes d'épreuves publiques de sa maîtrise, peignant dans le Hondjo un formidable cheval, monture de titan, et, près du temple d'Ekoïnn, le bonhomme Hoteï. Puis, il passait à l'infiniment petit, s'amusait à représenter sur un grain de blé le vol de deux moineaux et, pour faire oublier le succès d'un miniaturiste, ancien peintre de l'Oukiyo-yé, ancien dessinateur de découpures pour les lanternes, la vue de sept provinces, avec leur détail topographique et l'indication de leur relief, sur une petite feuille de papier. On voyait aussi l'homme extraordinaire dessiner avec son doigt trompé dans l'encre, avec un fond de bouteille, avec la pointe d'un œuf, — jeux auxquels le contraignait peut-être sa pauvreté, où sa curiosité du moins trouvait un enseignement et sa virtuosité un exercice.

Est-ce à la peinture du Dharma de 1804 ou à sa réputation antérieure qu'il dut d'être reçu en présence du Shogoun Iyénari ? On ne sait. Toujours est-il qu'en décembre 1806, le prince daigna instituer une sorte de concours en sa présence entre Shazanro Bountcho, le célèbre représentant des écoles chinoises, et Hokousaï. Sur un des panneaux de papier de la salle, l'artiste étala

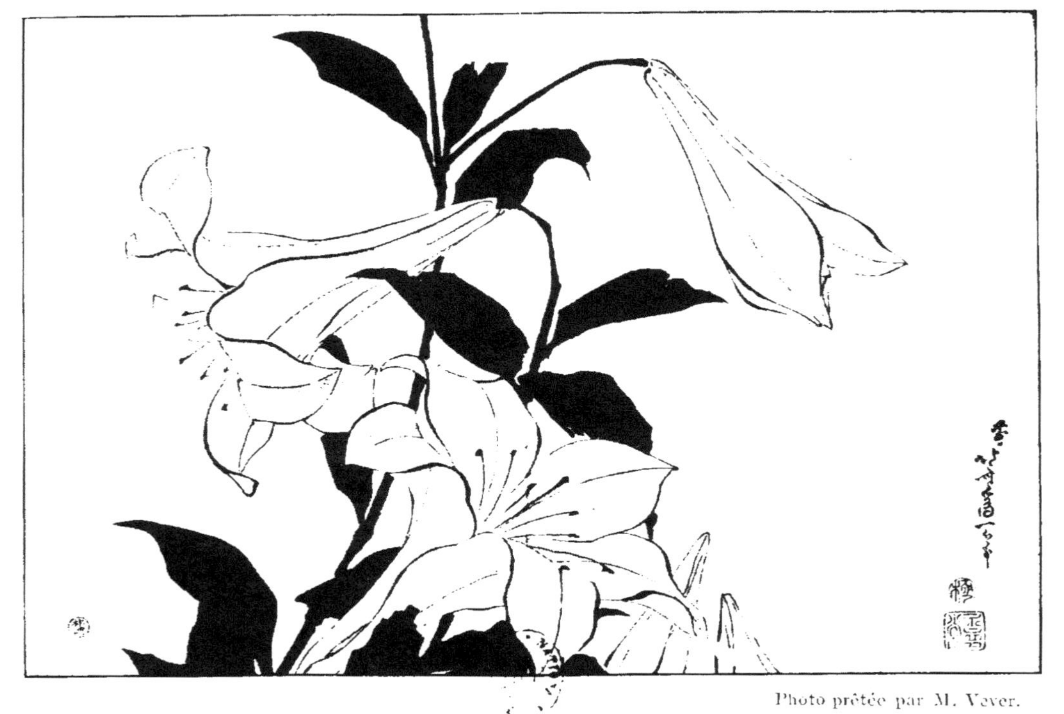

Photo prêtée par M. Vever.

LES LYS

(Estampe en couleurs tirée de la grande série de fleurs. Collection Vever.)

(Page 142.)

des ondes sinueuses de bleu, puis, prenant un coq dont
il teignit les pattes en rouge, il le laissa se promener
sur son dessin. Alors l'on reconnut les flots de la rivière
Tatsouta, charriant des feuilles d'érable pourpré, et
Iyénari charmé, oubliant la chasse à la cigogne pour
laquelle il avait hâte de partir tout d'abord, honora
grandement Hokousaï. C'était, dit-on, la première fois
qu'un homme du peuple était admis devant le Shogoun.
Cette anecdote fixe à peu près l'époque à laquelle le
maître jouit de sa plus grande réputation comme peintre
de l'école vulgaire.

CHAPITRE III

LA MATURITÉ

La maturité d'Hokousaï et sa longue vieillesse sont
remplies par des travaux innombrables et divers ;
l'homme chargé d'années connaît une pauvreté noire,
l'exil, les cachettes successives pour échapper aux créanciers de son petit-fils, mais plus il est accablé par le
poids des jours et de la dette, plus il est avide d'exprimer
son émotion devant les formes vivantes. Plus misérable,
on dirait qu'il est plus ardent et plus léger. Alors sa production devient immense. Il est le « fou de dessin ».

De 1805 à 1817, il est le grand illustrateur du roman
d'aventures, son imagination et son savoir prêtent une
vie extraordinaire aux fictions de Shighérou, de Bakin
et de Tanéhiko. Sa rupture avec Bakin le décide à publier
des recueils de dessins sans texte qui sont la partie la
mieux connue, la plus riche et sans doute la plus belle
de son œuvre. De 1817 à 1834 environ, ses tribulations
nous valent les grandes séries de paysages. Enfin de 1834
à 1849, année de sa mort, après une retraite à Ouraga,
vers le temps de la grande famine, il revient à l'illus-

tration, aux romans, aux recueils de poésies chinoises, aux albums guerriers.

Longtemps le roman japonais fut une simple adaptation de l'histoire, très fantaisiste dans le détail, mais sans intervention de personnages imaginaires. Kiôden, le premier, inventa [1]. C'était un homme de la capitale, un fils de marchands, dont la jeunesse bohême se passa dans les mauvais lieux, en paresseux plaisirs, en hésitations entre la peinture et les lettres. Il a laissé quelques belles estampes, cataloguées par Anderson. Il épousa successivement deux courtisanes, qui furent ses deux bonnes et fidèles femmes et dont la première était comparée « à la fleur de lotus qui a ses racines dans la boue ». D'ailleurs sagace, bon calculateur, avisé en affaires, et grand emprunteur de livres. Il en fabriquait, mais n'en achetait point. Il avait commencé en 1782 par publier des recueils obscènes : l'édit de 1790 l'arrêta dans cette voie. Il fut condamné à cinquante jours de menottes, réfléchit et, à partir de cette date, se mit à écrire des romans moraux. Alors les coups de théâtre et les scènes d'horreur se succédent. Kiôden est lu de tous. On assiège ses éditeurs. Les valets d'écurie et les petits bergers savent son nom.

Mais Bakin, son élève, le dépasse en fécondité, en puissance, en relief, et même en popularité. Ce formidable ouvrier de lettres, que certains critiques japonais comparent à Shakespeare et qui fait songer plutôt à Dumas

1. Sur Kiôden (1761-1816) et sur Bakin (1767-1848), V. W. Aston, *Littérature japonaise*, tr. fr., Paris, 1902, chap. VIII.

le père, se dresse au seuil du XIXe siècle comme une antique statue de héros. Ce samouraï sans maître, cet homme aux gros membres, à la puissante carrure, au front superbe, répondait par le dédain à toutes les tentatives faites pour le déshonorer fructueusement. Il était, faute de mieux, garçon chez un libraire : des managers, séduits par sa prestance, essayèrent en vain de l'engager dans des exhibitions de lutteurs. Son patron lui proposa d'épouser sa nièce, dont le père tenait une maison de thé, achalandée par les clients d'un établissement de prostitution. Et Bakin dit : « Tenir un lupanar ne vaut pas mieux que mendier ou voler. Il devait décliner d'avilir, par un tel mariage, le corps qu'il avait reçu de ses parents. » Il finit par s'allier à la fille d'un fabricant de chaussures, mais il s'empressa, dès qu'il le put, de céder sa maison à un gendre, pour revenir au noble métier des lettres, seul digne d'un samouraï que la misère des temps tenait éloigné de la guerre et des devoirs d'un bon vassal. Avec cela, l'honnêteté la plus rugueuse, l'âme la moins faite pour les souplesses de la vie sociale.

Sa collaboration avec Hokousaï fut longue et orageuse [1]. Le roman héroïque offrait à l'illustration d'admirables prétextes, — des batailles, des vengeances,

1. Outre *Une étoile de l'océan du bonheur* (1794), *La conversion de l'esprit de Kasané* (1807, Goncourt, p. 73), *Le nouveau livre des saules et des pruniers de la Soumida* (1807), *La neige du jardin* (1807), *L'âme du criminel qui va au paradis* (1807), *Fleur de pâte* ou *Comment une courtisane s'attache un homme* (1807), *Hommes célèbres pour leurs vengeances* (1808), *Rêve sous un camphrier du sud* (1808), *Le croissant de l'arc*

des tortures. L'artiste put mettre le corps humain à nu,
le montrer à cru et à vif, dans la fureur de ses crispations et de ses détentes, arc-bouté dans un effort surnaturel, accroché avec frénésie à l'anatomie musculeuse
de l'adversaire, ligotté par le lasso d'une amazone her-
culéenne. On s'étrangle, on se déchire. Les orteils tordus
griffent le sol du carnage. Les carapaces de cuir verni
éclatent. Les flèches crèvent la chair et font couler des
fontaines d'un sang vermeil. Et ceci se passe dans le
monde où l'on est trahi et où l'on se venge. Le mari
assassin jette à l'eau l'exécrable épouse et l'assomme
à coups de rame. Une femme est liée rudement à un
poteau de torture (pl. V). Une autre se change en renarde
pour sauver l'enfant d'une morte. Un coup de tonnerre
transforme en tengou un empereur dépossédé. Les dieux
et les monstres sont là. Au-dessus de *La neige du jardin*
circulent des apparences terrifiantes, des réalités de songe,
une araignée à tête de pieuvre, une carpe géante et
féroce, un tigre qui s'embrouille rageusement dans les
replis d'un dragon comme dans les replis d'une étoffe.
Bientôt naîtront dans une atmosphère trouble les
apparitions des *Cent Contes.* Cependant, en pleine
fièvre, en plein cauchemar, on voit défiler des

tendu (1807-1811), 29 vol., dont les cinq éditions firent la fortune
du libraire Hayashi Shogounro, *Le camphrier du sud*, deuxième
partie (1811), *Les desseins du juge Aotô* (1812), *Le conte villageois
des deux assiettes* (1815). Enfin, il faut mettre à part les quatre-
vingt-dix volumes du *Souikô den*, roman historique chinois, traduit par Bakin et Ranzan, et dont Hokousaï illustra les cinq premières séries, c'est-à-dire cinquante volumes.

princesses énigmatiques et leurs suivantes bien coiffées ;
la grâce mystérieuse de la femme jaillit comme une fleur
au milieu de l'épouvante, pour départager les fureurs
des héros et des monstres. Comme fond de décor, un luxe
inouï de supplices barbares, l'enfer bouddhique, l'écartè-
lement des traîtres.

Au milieu de ces inventions, la réalité quotidienne,
la vie des artisans, l'intimité de la toilette féminine sont
comme le repos d'Hokousaï et du lecteur. Des prome-
nades sentimentales, des ruses d'amoureux font passer
un lyrisme ingénu parmi toutes ces horreurs. Des filles
dansent, des excursionnistes saluent le lever du soleil
du haut d'un mont. Après le carnage, un guerrier boit
une coupe de saké et se promène en barque au milieu
d'un fleuve. Les planches de ces romans forment déjà
un *magasin* complet de la vie japonaise, — et de la vie
chinoise aussi, car il faut tenir compte de l'exacte docu-
mentation et de l'ampleur du *Souikô den*, Nouvelle
vie illustrée des cent huit braves chinois.

La génie de l'illustrateur contribuait pour une large
part à la vogue des romans légendaires, et c'est peut-
être à la jalousie professionnelle de l'homme de lettres
qu'il faut faire remonter l'origine des brouilles qui tra-
versèrent l'amitié d'Hokousaï et de Bakin. Dès 1807,
ils se trouvèrent une première fois en désaccord, à propos
du premier volume du *Souikô den*. La meilleure preuve
de la réputation de l'artiste et de la valeur commerciale
de ses dessins à cette époque, c'est que les éditeurs
n'hésitèrent pas à sacrifier Bakin et à confier à Takaï

Ranzan la suite du texte, traduction japonaise d'un recueil chinois. On finit par réconcilier les deux hommes, mais les illustrations du *Rêve sous un camphrier du sud* provoquèrent de nouvelles observations de l'auteur, qui furent également mal reçues par Hokousaï. L'éditeur Souwaraya Itchibé les amena péniblement à conclure une sorte de trêve. La deuxième partie du même ouvrage les sépara de nouveau. Bakin voulait à toute force qu'Hokousaï, suivant le texte, plaçât une chaussure entre les dents d'un de ses personnages. L'artiste s'y refusait obstinément, donnant pour raison que c'était là une excentricité dégoûtante, et, comme Bakin se récriait et protestait qu'il n'y avait là rien que de vraisemblable : « Essayez donc », lui dit-il.

Sans doute Bakin était autoritaire, et même hargneux, et même pédant. Le sang des vieux samouraïs, joint à l'orgueil du lettré ainsi qu'aux habitudes tyranniques du pédagogue, — il termina ses jours comme maître d'école, auprès de son fils, et nous savons qu'Hokousaï, au début de leurs relations, lui donnait respectueusement le titre de professeur, — l'inclinait à des exigences et à des rudesses. Mais Hokousaï lui-même était d'une humeur difficile. Il avait cette fierté des pauvres qui dégénère aisément en aigreur et cette férocité dans l'ironie, par laquelle les grands artistes indépendants se vengent de leur bohême et de leurs longs soucis. Un célèbre acteur, Onoyé Baïko, admirait beaucoup son talent. Il pria Hokousaï de venir le voir. Le peintre refusa de se déranger. Le comédien lui fit alors une visite, mais,

trouvant trop sale le parquet de l'atelier, il ne voulut
pas s'asseoir à terre et fit déplier une couverture. Hokousaï, blessé, garda le silence et continua son dessin sans
se retourner. Baïko, par la suite, demanda pardon à
Hokousaï. Ils devinrent amis. Une autre fois, un four-
nisseur du Shogoun vint demander un dessin à l'artiste.
Celui-ci était au soleil, occupé à prendre des poux sur ses
vêtements. La physionomie du visiteur lui déplut, et
il lui cria qu'il était occupé. L'autre attendit avec patience, obtint son dessin et se retira. Sur le seuil Hokousaï
lui dit : « Ne manquez pas, si l'on vous demande comment
est mon atelier, de dire qu'il est très beau ! très propre ! »[1]
Il tenait à cette rusticité qui éloignait les fâcheux. Il
l'affichait, comme sa misère, avec une sorte de contentement brutal, inscrivant ces deux mots sur sa porte :
Hatchiyémon, paysan.

Un homme de ce caractère devait, on le conçoit, se
plier malaisément aux volontés d'un auteur. Le texte
de Bakin ou de tout autre était surtout à ses yeux le
point de départ de sa propre verve imaginative, — et
c'est ainsi que le comprirent les éditeurs du *Souikô den*,
qui porte, en sous-titre, l'indication *dehon*, recueil de
dessins. L'homme de lettres, très attaché à ses intentions et soucieux de les voir traduites avec exactitude,
souffrait à juste titre, non seulement d'une réputation
qui, associée à la sienne, menaçait de la diminuer, mais
aussi d'une indocilité qu'il pouvait prendre pour une

1. Rapporté par Goncourt, p. 69-79, d'après le *Katsoushika
Hokousaï den*.

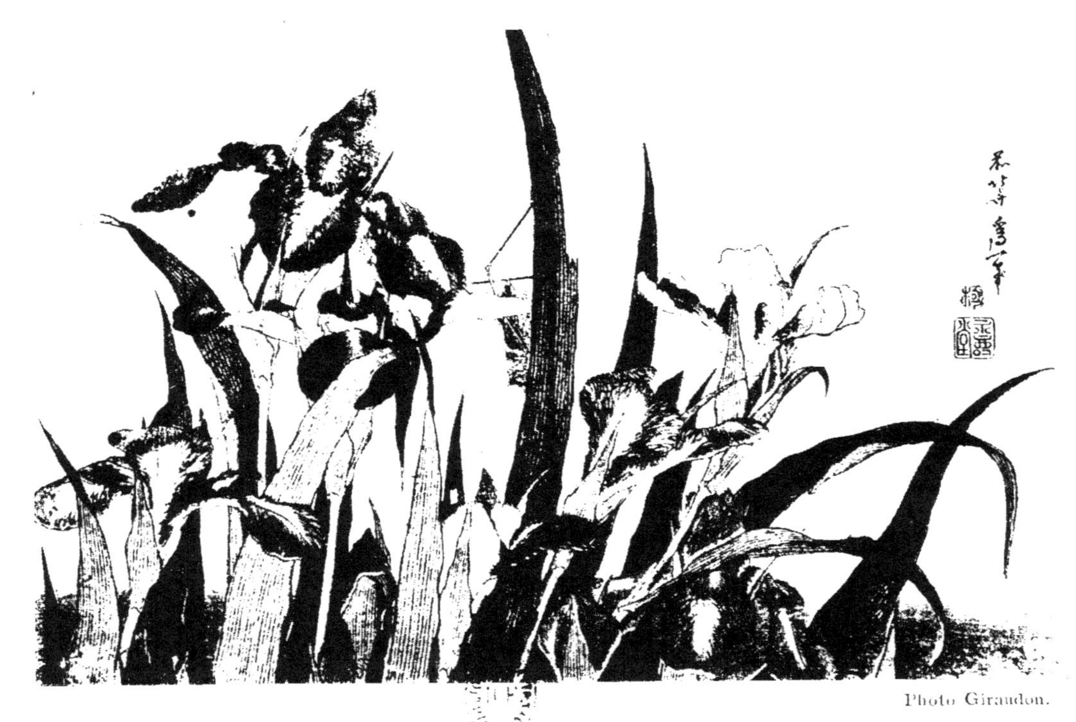

Photo Giraudon.

LES IRIS

(Estampe en couleurs tirée de la grande série de fleurs. Collection Vever.

(Page 141.)

trahison. Nous retrouvons encore en 1815 les noms
de Bakin et d'Hokousaï en tête du *Conte des deux assiettes*,
puis l'artiste se libère pour longtemps d'une collaboration
où il se sent prisonnier des idées d'autrui, se passe le plus
souvent d'un texte et publie des albums d'esquisses.

*   *
*

Au printemps de 1817 commencent ses grands voyages, inaugurés par un séjour de six mois à Nagoya, dans
la province d'Owari, chez son disciple Bokousen. C'est
au cours de cette année, ou peut-être lors d'un voyage
antérieur, mais sûrement entre 1813 et 1817, qu'Hokousaï publia, sur les instances de ses élèves, le premier
volume de la *Mangwa*, qui en comprend quinze, dont
treize parus du vivant de l'auteur [1]. Déjà, de 1813 à

1. Le voyage à Nagoya est daté par un récit de la journée
(13 novembre 1817) au cours de laquelle Hokousaï exécuta en
public la peinture d'un Dharma colossal, analogue à celui dont
nous avons parlé. D'autre part, la préface du premier volume de
la Mangwa par Hanshù confirme que c'est pendant un séjour du
maître dans cette ville que les disciples d'Hokousaï entreprirent
de publier ses esquisses : « Hokousaï, le peintre d'un talent
extraordinaire, après avoir voyagé dans l'Ouest, s'est arrêté dans
notre ville et là, il a fait connaissance avec notre ami Bokousen,
s'est amusé à s'entretenir du dessin avec lui et, dans ces conversations, a dessiné plus de trois cents compositions. Or nous avons
voulu que ces leçons profitassent à tous ceux qui apprennent le
dessin, et il a été décidé d'imprimer ces dessins en un volume,
et quand nous avons demandé à Hokousaï quel titre il fallait
donner au volume, il a dit tout simplement *Mangwa*, que nous
avons couronné de son nom : HOKOUSAÏ MANGWA... » (traduit

1815, Hokousaï avait fait graver plusieurs recueils de dessins [1]. De 1817 à 1849, outre la *Mangwa*, il donnera au public de nombreux cahiers [2], il se fera professeur et enseignera sa méthode [3], il fournira de modèles les industries d'art [4]. Mais le meilleur résumé de son activité prodigieuse, le vrai miroir d'Hokousaï, le journal de sa curiosité géniale, nous le trouvons dans la *Mangwa*.

Il est libre, ou plutôt il n'est plus asservi qu'à la littéralité de la vie et, s'il lui arrive d'inventer, c'est en suivant le caprice de ses propres songes, la débandade enfiévrée de ce qui se présente à ses yeux ou à son

par Hayashi, dans Goncourt. p. 115). *Man* : au gré de l'idée, *gwa* : dessin. Gonse traduit par *Les dix mille esquisses*, Anderson par *Rough Sketches*, M. Revon par *Esquisses variées*. Pour compléter le dernier volume. comme il restait trop peu de dessins d'Hokousaï, l'éditeur fit exécuter quelques planches supplémentaires par des peintres de Nagoya. D'autres ont été empruntées au recuil intitulé *Hokousaï Gwakio*, Miroir des dessins d'Hokousaï (1818).

1. *Hokousaï Sheshin Gwafou*, Recueil de peintures vivantes (1814) ; *Santaï Gwafou*, Recueil de dessins dans les trois genres (1815).

2. *Yehon Hayabishi*, Livre de dessins rapides, préface de Jippensa Ikkou (1817), *Yehon Rohitsou*, Livre de dessins aux deux pinceaux (1817), *Hokousaï Gwakio*, Miroir des dessins (1818), *Hokousaï Sogwa*, Dessins grossiers (1820 ?), etc.

3. *Soshin Yedehon*, Livre de dessins pour les tout commençants, supplément au tome I du *Riakougwa Hayashinan*, Leçons rapides de dessin cursif, 3 vol. (1812-1815 ?), *Hokousaï Gwashiki*, Méthode de dessin (1819 ?), Traité du coloris (1848), etc.

4. Modèles de pipes et de peignes à la mode (1822-23), Nouveaux dessins pour les impressions d'étoffes, préface de Tanéhiko (1824), Nouveaux modèles pour les architectes (1836), etc.

imagination. Ici est inscrite en traits immortels cette passion d'étudier la nature qui, pour la première fois peut-être au Japon, se traduit sans souci d'une formule quelconque, sans intervention d'un style. Si nous voyons l'artiste, au cours de sa vieillesse, préoccupé de technique et de méthodes, s'il invente une pédagogie du dessin fondée sur « des ronds et des carrés », s'il veut donner à un simple accent, à un point posé à bout de pinceau toute une valeur expressive, c'est qu'il cherche à signifier la forme de la manière la plus directe et la plus concise, c'est qu'il tient à mettre autour de la vie le moins d'entraves possible. Un gris léger, un rose léger et le noir de l'encre lui suffisent pour colorer et pour modeler les croquis de la *Mangwa*. Avec ce bagage, il chemine. Il est partout, sur la voie publique (et c'est le titre qu'il choisit pour un recueil paru en 1840), au coin des vieux temples, dans la demeure des pauvres et des riches, au bord de la Soumida, sur le rivage de la mer où fourmillent les monstres, sous les pins légendaires de Takasago. Les dieux et les anciens empereurs divinisés, les guerriers chinois fameux succèdent à des acrobates, à des porte-faix, à des lutteurs. Toute une série d'études est consacrée à la maigreur, depuis les faméliques, dont la peau flotte sur des os pointus, jusqu'à d'élégantes maigrelettes, d'une grâce singulière. Puis, c'est l'embonpoint des quadragénaires aimables, pour finir par l'obésité joviale et soufflante de bonshommes noyés de graisse et de paresse. Des enfants se poursuivent et se culbutent au coin des pages. Et toujours les métiers, leurs accessoires, leurs outils, l'élevage des vers à soie, des machines à dévider les cocons et à tisser, — une surprenante curiosité des secrets de l'industrie et des miracles de la main. Le tout, au hasard de l'observation et de la fantaisie, — le pêle-mêle d'un univers vidé d'un seul coup entre les feuillets de ces albums, où la vie frémit encore.

Alors apparaissent les noms des élèves les plus fidèles d'Hokousaï, qui se sont appliqués à réduire en fac-similé les dessins du maître, Hokoutei Bokousen et Hokououn, à la fin du premier volume, Hokkei, à la fin du second. Presque toutes les préfaces contiennent, en même temps qu'un éloge d'Hokousaï, une apologie de l'école vulgaire, surtout celle du troisième cahier, due à Shokousan. Au dixième (1819 ?), on put croire la série terminée. Elle fut reprise, bien des années après, en 1834, date à laquelle paraît un onzième tome, précédé d'une introduction de Tanéhiko : elle nous apprend que le vieillard Hokousaï espère bien aller jusqu'au vingtième.

Cependant son style évoluait. De 1814 à 1823, la signature Taïto révèle une personnalité nouvelle et un talent plus âpre. Dans le *Sheshin Gwajou* et la *Sogwa*, Hokousaï traite la figure avec plus d'ampleur et plus de rudesse à la fois. A la bonhomie paisible, au va-et-vient familier de la vie succède une expression hardie, émouvante et grande. De même il revient à l'étude de la nature avec une âme élargie. Il quitte les villes et leurs banlieues, il découvre la campagne.

En quittant Nagoya, l'artiste visita la province d'Icé,

la province de Kishiou et, dans cette dernière, observa entre autres choses de belles et curieuses pipes, dont il donne le dessin à la fin de ses *Modèles de peignes*. Il fit un séjour à Osaka, où toute une petite école devait continuer la tradition de son enseignement, et s'arrêta enfin à Kiôto, capitale de l'art académique, de la peinture officielle et du grand style. Il y retrouva Shazanro Bountcho, qui y avait été envoyé pour inspecter les statues d'un temple et qui, ne tenant pas rigueur au vieil artiste de la défaite jadis infligée devant le Shogoun, admira beaucoup un dragon d'Hokousaï et chercha, mais probablement sans grand succès, à faire partager son généreux enthousiasme à ses confrères. Pourtant le talent du maître aurait sourdement inquiété Gankou, le fameux peintre des tigres, qui régnait alors sans conteste sur l'école; il aurait confié ses sentiments à ses disciples. L'un d'eux, quelque temps plus tard, devait inviter Hokousaï à venir le voir dans la province de Shinshiou et le garder un an près de lui : c'était Takaï Sankouro, négociant en vins et lettré délicat.

Entre les arbres des routes, au-dessus de la campagne sur laquelle passent les souffles printaniers, sur les rives de la mer qui déchire son écume à des aspérités de bronze, se dressent des formes éternelles que la poésie des saisons et les jeux de l'atmosphère décorent de fugitives apparences. La vie chemine au pied des monts, le paysan se penche et disparaît à demi dans les sylves naines des rizières, le pêcheur jette son filet dans l'eau

calme où se reflètent les sommets neigeux, les pélerins
et les promeneurs se croisent à l'angle des ponts, devant
les cascades qui, sous la voûte des forêts, apparaissent
comme de grandes orgues d'argent (pl. VIII). Mais le
puissant sommeil de la terre domine les agitations humaines et les écrase. De l'âme de l'artiste voyageur s'élève
un chant plus paisible et plus vaste que naguère. Pour la
première fois la solitude s'ouvre à lui et paraît dans son
œuvre [1]. Le Fouzi-Yama, la montagne sacrée, asile
des légendes mystérieuses et des antiques rêveries naturalistes, se dresse dans la fraîcheur des matins bleus et
dans l'or du soir. L'air et ses mirages entourent comme
de molles écharpes les neiges de son pic, ses flancs de
rocher et les forêts de pins qui dévalent les pentes
(pl. XII). Même aux temps des Sesshiou, l'art japonais
n'a jamais été traversé par une méditation plus large ;
jamais ses peintres ne se sont approchés de la nature
avec autant de gravité.

Les souvenirs, les impressions que l'artiste errant
rapportait de ses voyages baignent de la poésie la plus
élevée et la plus rare les recueils de cette période [2].

---

1. Cf. notamment *Les trente-six vues*, planche 8, *Beau temps
par un vent du Sud* (1825), planche 9, etc.

2. *Les trente-six vues de Fougakou* (le Fouzi-Yama), qui com-
prennent en réalité 46 planches (1823-1829), *Les cent vues du
Fouzi-Yama*, en noir (1834-1835), *Les huit cascades* (1827), *Les
ponts pittoresques* (1827-1830). On doit y ajouter *Les cent poésies
expliquées par la nourrice*, vingt-sept très belles vues (1839),
deux planches de cascades dans la *Description de la montagne
de Nikkô* (1837), etc.

Il semble que nous sortions avec lui de la bataille
quotidienne, nous n'entendons plus la rumeur fiévreuse
des cités. Les monstres se sont dissipés à l'horizon,
entraînant avec eux les vengeances barbares. La paix
règne sous les cieux et dans le cœur du pauvre. Devant
la magnificence du monde il ouvre des yeux éblouis.

Au seuil même des années de détresse, les *Trente-six
vues du Fouzi-Yama*, les *Cascades*, les *Ponts* sont dans
l'œuvre d'Hokousaï une sorte de halte sereine. Non
qu'il se repose ou qu'il s'oublie : il ne cesse de produire
et d'apprendre. De 1810 à 1820, les sourimonos sont
plus rares que par le passé, puis la série reprend et,
très nombreuse à partir de 1820, elle atteste tantôt
la curieuse influence de deux élèves du maître, Hokkei
et Gakoutei, tantôt l'extraordinaire virtuosité de l'artiste qui change par jeu sa manière et s'amuse à pasticher Toyokouni, dans cinq planches d'acteurs signées
« I-itsou, le vieillard de Katsoushika, faisant la singerie
d'imiter les autres ».

Vint le temps de la misère et de l'exil. Pour échapper
aux créanciers de son petit-fils, Hokousaï dut se cacher
à Ouraga en 1834. Les lettres qu'il écrivit alors à ses
éditeurs révèlent la grandeur et l'innocence de son caractère, sa résignation, ses scrupules d'artiste. Il note sans
amertume qu'en plein hiver il n'a qu'une robe usée
pour se protéger contre le froid. Il confie les agita-

tions de son existence avec la discrétion mystérieuse qu'elles imposent : « Comme ma vie, dans ce moment, n'est pas au grand jour, je ne vous envoie pas mon adresse. » Ce qui l'effraie dans sa pauvreté, c'est la pensée de manquer de papier, de couleurs et de pinceaux. Quand sa provision sera épuisée, il ira à Yeddo, mais en cachette... Il crut avoir un répit : « J'ai vu le délinquant, l'incorrigible, qui va retomber sur moi... Nous allons lui faire tenir une boutique de poissons, et nous lui avons aussi trouvé une femme, qui va arriver ici dans deux ou trois jours... » Surtout il ne cesse de faire des recommandations pour la gravure de ses dessins. « Pour le livre des *Guerriers* (sans doute le *Yéhon Sakigaké*, imprimé et gravé par Yégawa), je vous prie, vous trois, de le donner à Yégawa Tomékiti... La raison pour laquelle je veux absolument que la gravure soit de Yégawa, c'est que, soit la *Mangwa*, soit les *Poésies* (*Les Poésies des Thang illustrées*, dix volumes parus de 1833 à 1836), certes les deux ouvrages sont bien gravés, mais ils sont loin d'avoir la perfection des trois volumes du *Fouzi-Yama*, gravés par lui... » Et ailleurs : « Je recommande au graveur de ne pas ajouter la paupière en dessous, quand je ne la dessine pas ; pour les nez, ces deux nez sont miens (ici, l'artiste insère deux croquis), et ceux qu'on a l'habitude de graver sont des nez d'Outagawa, que je n'aime pas du tout, et qui sont contraires aux règles du dessin. Il est aussi de mode de dessiner les yeux ainsi (nouveau croquis), mais je n'aime pas plus les yeux que les nez. »

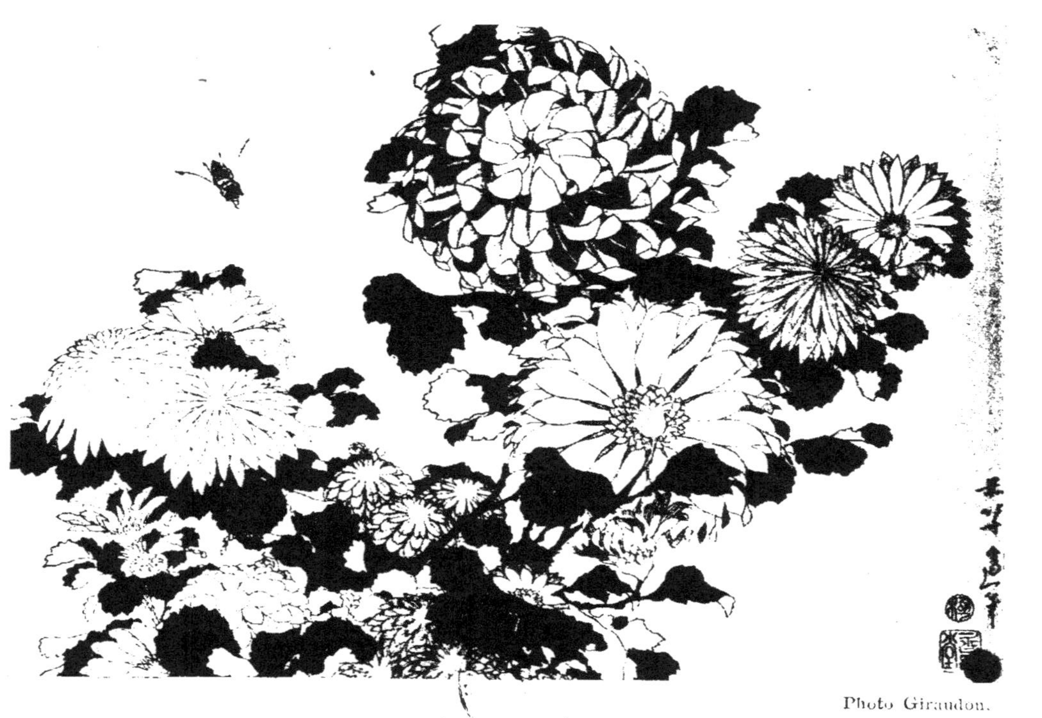

Photo Giraudon.

LES CHRYSANTHÈMES

(Estampe en couleurs tirée de la grande série de fleurs. Collection Camondo, Musée du Louvre.)

(Page 141.)

A cette époque Hokousaï, outre ses sourimonos et ses impressions séparées, dont beaucoup — les cinq planches des *Cent Cont.s* (1830), par exemple — sont au nombre de ses plus émouvants chefs-d'œuvre, illustrait des recueils moraux consacrés aux grands exemples de fidélité chevaleresques envers le seigneur (1834), de piété filiale (1835), aux « conséquences des bonnes ou mauvaises actions inaperçues » (1840). Il se reprenait aussi aux légendes héroïques d'antan, moins pour faire revivre une fois encore les carnages féodaux que pour rendre hommage aux vertus des guerriers fameux, de ceux qui furent un peu des saints.

Après sa retraite d'Ouraga, il revint à Yeddo[1]. L'été qui précéda son retour, la canicule — il nous l'apprend luimême — avait été fraîche, les récoltes furent gâtées, une longue famine s'abattit sur l'empire. Le vieillard improvisa pour vivre d'innombrables dessins, dont le prix était si bas qu'ils trouvaient encore des acheteurs au cours de ces mois terribles. Pour une poignée de riz, il faisait naître sur une feuille de papier ou sur une pièce de soie mille inventions merveilleuses en utilisant le hasard des taches dont il les couvrait d'abord. Jusqu'alors il avait traversé tous les genres d'épreuves que la fortune réserve aux grands artistes insoucieux qui ont pour l'argent un mépris absolu, mais, dans ce pays où les vieilles maisons de bois flambent presque journellement, l'incendie lui avait été épargné. En 1839, sa

1. En 1839, d'après Goncourt. Dans le courant de l'automne de 1834, d'après M. Revon.

demeure brûla, consumant avec elle un amas considérable de dessins qu'il conservait depuis sa jeunesse. Il
put s'enfuir, en compagnie de sa fille Oyéi [1], mais il ne
sauva guère que ses pinceaux.

Il se remit au travail. L'homme de quatre-vingts ans,
assis frileusement auprès de son brasero, dans le désordre
d'un atelier pauvre, n'arrête pas un seul jour la besogne
de ses mains actives. Près de lui, sa fille dessine, prédit
l'avenir aux visiteurs ou cherche le secret d'une eau de
jeunesse éternelle. Elle nous a laissé un portrait de son
père, exécuté à peu près à l'époque où le vieillard se
représentait lui-même dans un admirable dessin, généreusement donné au Louvre par M. Vever (pl. I).

Derrière le réseau des rides et malgré l'accablement de la caducité, se lisent encore de grands traits
nobles, une expression attentive et patiente. Abrités
sous le surplomb d'une arcade sourcilière qui se projette
en avant du front, les yeux à demi fermés semblent
épier avec une intensité extraordinaire. Jamais le monde
des formes, jamais les passages instantanés de la vie
n'ont été observés et saisis avec plus de passion clair-
voyante que par ces yeux-là. L'extrême vieillesse ne
les a ni éteints ni même affaiblis. Aucun excès comme
aucune fatigue n'a troublé la prodigieuse acuité de leur

1. Sa troisième fille, artiste elle-même, et de grand talent.
Hokousaï reconnaissait sa supériorité pour les figures de femmes.
L'indépendance de son caractère ne lui permit pas de vivre longtemps avec son mari, un peintre de troisième ordre. Elle divorça
et s'en revint auprès de son père, dont elle entoura la vieillesse de soins touchants.

regard. La pureté d'une vie misérable et digne a laissé intacte cette maîtrise. Le vieux Manrojin Gwakiojin, le fou de dessin, autrefois I-itsou, autrefois Hokousaï, ne boit point de vin et doit supporter les railleries de ses amis les peintres et les gens de lettres, habiles à mener le désordre d'une vie de plaisirs. Mais le fou de dessin n'a pas le temps de raffiner ses goûts ou de corrompre sa vertu. Quelquefois, avec des sandales et un manteau de paille, il se rend à des réunions d'artistes. Qui est ce vieux ? — Un paysan de Katsoushika. — Mais il dessine, et tous reconnaissent le génie d'Hokousaï.

En 1848, il avait quitté le Hondjo, pour aller habiter à quelque distance, dans le quartier d'Asakousa. C'est là qu'il tomba malade, l'année suivante. Passionnément, il souhaitait ajourner la mort, vivre quelques années de plus. « Si le ciel me donnait encore dix ans... », disait-il, puis il se reprenait : « Si le ciel me donnait encore seulement cinq ans de vie, je pourrais devenir un vrai grand peintre. » Peu de temps avant de mourir, le 10 mai 1849, il composait ce poème : « Oh ! la liberté, la belle liberté, quand on va se promener aux champs d'été, âme seulement, dégagé de son corps. »

Le dernier souhait d'Hokousaï, ou plutôt son regret d'être interrompu dans son labeur, alors qu'il allait devenir « un vrai grand peintre », il convient de le rapprocher des fameuses paroles par lesquelles il préfaçait, quinze ans plus tôt, *Les Cent vues du Fouzi-Yama* : « Depuis l'âge de six ans, j'avais la manie de dessiner la forme des objets. Vers l'âge de cinquante ans, j'avais publié une infinité de dessins, mais tout ce que j'ai produit avant l'âge de soixante-dix ans ne vaut pas la peine d'être compté. C'est à l'âge de soixante-treize ans que j'ai compris à peu près la structure de la nature vraie, des animaux, des herbes, des arbres, des oiseaux, des poissons et des insectes. — Par conséquent, à l'âge de quatre-vingts ans, j'aurai fait encore plus de progrès ; à quatre-vingt-dix ans, je pénètrerai le mystère des choses ; à cent ans, je serai décidément parvenu à un degré de merveille, et quand j'aurai cent dix ans, chez moi, soit un point, soit une ligne, tout sera vivant. Je demande à ceux qui vivront autant que moi de voir si je tiendrai ma parole. — Ecrit à l'âge de soixante-quinze ans par moi, autrefois Hokousaï, aujourd'hui Gwakio Rojin, le vieillard fou de dessin. »

DEUXIÈME PARTIE
L'ART D'HOKOUSAÏ

CHAPITRE PREMIER
L'INSPIRATION POPULAIRE

Hokousaï homme du peuple. — L'humour et les qualités morales
du peuple japonais. — Hokousaï prend tous ses modèles dans
le peuple.

Par ses origines et par sa vie même, Hokousaï est un
homme du peuple. Par indifférence et peut-être par goût,
il resta pauvre. Il sait ce que vaut son art, il inscrit
sur la porte de sa maison qu'*Hatchiyémon ne peint pas
les éventails et ne dessine pas de modèles pour les élèves.*
Socialement, quelle que soit sa renommée, il est le
camarade et l'égal des petites gens. Il aime leurs plaisirs,
il partage leurs croyances et la simplicité de leurs mœurs.
C'était l'époque où les artistes et les gens de lettres
se laissaient communément aller à la douceur de vivre
et aux voluptés raffinées d'une race la plus experte en
jouissances qui fut jamais. Alors les réunions nocturnes,
abreuvées de vin et de saké, prolongent jusqu'au jour

l'énervement d'un bonheur fiévreux. Les maîtres de l'Oukiyo-yé sont parents de ces élégants taïkomati, hommes de haute culture et d'un parfait savoir-vivre, qui, par métier, guidaient l'étranger à travers le Yoshiwara et lui enseignaient le tarif et les vertus professionnelles des courtisanes célèbres. Leur œuvre est une longue exaltation des plaisirs permis — et des autres. Elle est envahie par la femme, par son parfum, par ses grâces, ses caprices, ses ardeurs, par sa vêture et sa nudité. Ils aiment le luxe, parce qu'il entoure la volupté d'accessoires et de raretés. Ils l'aiment, parce qu'ils savent en jouir avec une mesure exquise et le doser. Assis au milieu de ses préférées, Outamaro songe que tout est vain, sauf la joie des caresses et la courbe d'un beau sein. Le prince donne l'exemple de la dissolution la plus délicate. Les écrivains en propagent le goût et les recettes. L'ivresse des sens est sollicitée par une obscénité charmante, et qui se cache à peine. Cependant le paysan de Katsoushika, l'homme au manteau de paille, tout hérissé sous la pluie, passe avec une sorte de rudesse hâtive. Il est chaste, il est sobre, et ses amis l'en raillent, comme d'une singularité de mauvais ton. Mais il n'a que faire de s'abandonner au plaisir. N'étant ni un épicurien raffiné ni un jouisseur vulgaire, il refuse de s'engourdir ou de s'épuiser.

Homme du peuple, par la carrure de ses résistances et l'ampleur quotidienne de sa production, c'est au peuple qu'il s'adresse sans honte, quand la misère le chasse de son logis et que, tout pareil aux bateleurs des

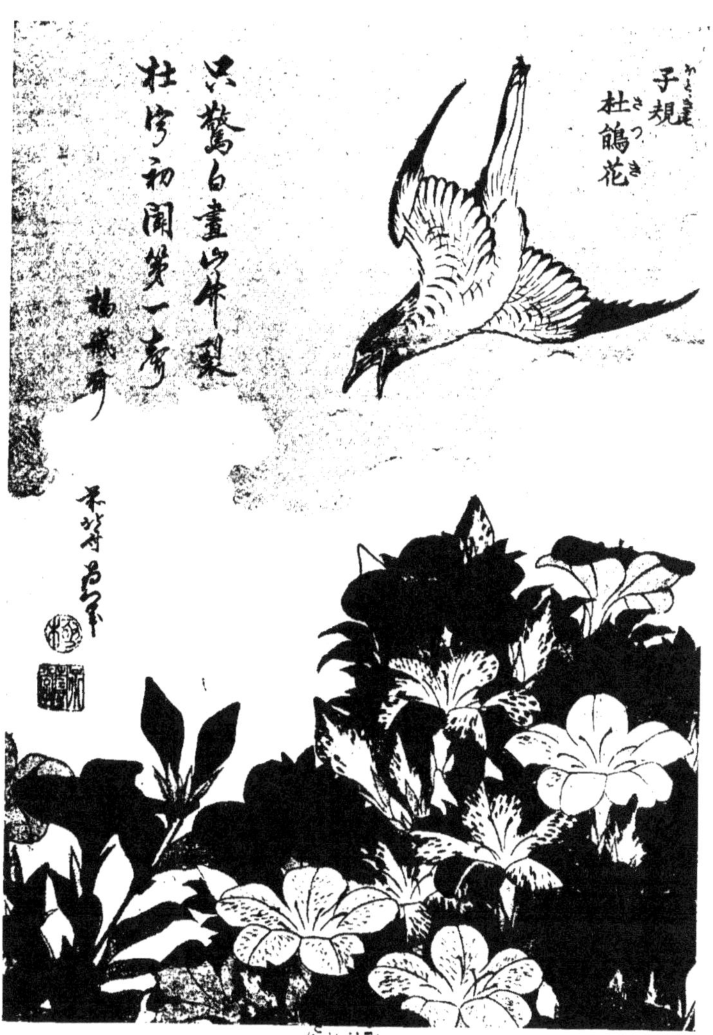

Photo Giraudon.

ESTAMPE EN COULEURS TIRÉE DE LA PETITE SÉRIE DE FLEURS

(Collection Camondo, Musée du Louvre.)

(Page 141.)

carrefours, il exécute pour quelques poignées de riz, sur le papier ou la soie qu'on lui tend, de prodigieux tours de force de dessinateur en plein vent. C'est qu'aux gens de sa race et de sa classe il ne doit pas seulement les saines vertus, l'équilibre moral et le courage à la besogne, mais quelque chose de cette dextérité d'artisan, de cette virtuosité manuelle qui lui permettaient de passer sans fatigue de l'infiniment grand à l'infiniment petit, des Dharmas gigantesques du Hondjo et de Nagoya aux moineaux microscopiques peints sur un grain de blé. Ce ne sont point là les délassements d'un Michel-Ange, mais les tours d'adresse d'un ouvrier héroïque et jovial qui entend frapper son public de la manière qu'il faut, et qui sait plaire au peuple, parce qu'il en est. Il a connu l'ésotérisme des styles nobles, mais il ne s'y est pas arrêté. Comme les artisans illustres de l'Occident, il s'est rompu aux recherches techniques. Mais, chaque fois qu'il a trouvé, il ne s'est pas enfermé dans un contentement jaloux, il s'est hâté de se prodiguer et de se divulguer : de là ses traités et ses méthodes. Ce grand amuseur de la foule qui passe est aussi le professeur de tous. L'homme qui dessine avec son doigt trempé dans l'encre, avec un œuf, avec tout ce qu'on veut, ne croit pas sans doute que le comble de l'art soit l'extrême difficulté vaincue, mais il est sûr que l'art est un triomphe sur la matière et que tout est bon au bon artiste pour exprimer la vie. Idée toute populaire et très japonaise, si l'on songe à ces ingénieux ouvriers qui fabriquent avec rien des jouets charmants et qui, d'un minimum d'éléments, savent tirer les surprises les plus amusantes et les plus rares, à ces potiers de terre qui, collaborant avec un dieu, suivant l'expression de William Lee, mettent au feu de petits tas de boue pétris d'un pouce indolent et en retirent des chefs-d'œuvre.

** * **

C'est encore aux origines d'Hokousaï qu'il faut rattacher certains aspects moraux dont nous trouvons un reflet dans son œuvre. J'ai souvent parlé de l'humour japonais, — mais comme le mot, à la réflexion, se trouve étroit et peu juste ! Que d'éléments divers dans cette disposition d'esprit propre aux Japonais, surtout aux petites gens ! C'est d'abord assurément un don excep-tionnel d'invention comique, le goût du pittoresque et du merveilleux allié à la farce, souvent très grosse, et parfois scatologique. Mais toujours un ton contenu, une douceur polie, une finesse qui, dans les plus extra-vagantes histoires enveloppe d'urbanité des cocasseries énormes. L'art d'entendre à demi-mot, propre à deux ou trois peuples civilisés, a trouvé ici des maîtres, et de même l'art d'emprisonner la vie dans un trait cursif, accompagné de quelques points, sans la schématiser. Une langue qui permet en quelques syllabes les nuances les plus délicates aide singulièrement aux raccourcis de pensée, aux allusions, aux rencontres plaisantes. Les doctes se plaisent aux ambiguïtés grammaticales, aux logogriphes ; ils font tourner le sens des tankas sur les

fameux « mots-pivots ». Mais le bon peuple est plus sain.
Sa discrète gaîté l'entraîne et le défend de trop se com-
plaire aux jeux un peu énigmatiques des lettrés.

Ses dons ne se limitent pas à la netteté d'une intelligence rapide, à l'acuité de l'analyse, à une ironie sans
amertume et bienveillante. Il aime à traduire par d'a-
gréables arrangements de mots la subtilité de son émotion. Dès le XVIIᵉ siècle, les Fouzivara avaient accaparé
le tanka et fait de ce genre littéraire une sorte d'exercice
hiératique, entouré d'interdictions et de règles savantes.
Le peuple se choisit un autre terrain. Les dix-sept
syllabes des haï-kaï lui suffirent. Tous, et les paysans
eux-mêmes, devinrent poètes. Un jour, un fameux
auteur tombe au milieu d'un cercle de ces villageois
lyriques et les étourdit par son adresse. Puis il dit, sur
leurs instances : « Mon nom est Baçô, j'accomplis un
pèlerinage pour pratiquer l'art des haï-kaï. » Et
ces bonnes gens de s'empresser autour de l'homme
« dont le nom odoriférant est connu du monde entier ».
Ces populaires haï-kaï, empreints d'une pénétrante
poésie, évoquent les correspondances secrètes et les
subtils échos qui se répercutent de la nature à
l'homme. La première neige fait plier légèrement les
feuilles des glaïeuls, quelques vrilles de convolvulus
s'enroulent autour d'une corde de puits, les cloches
d'un temple sonnent dans le lointain, derrière un
rideau de cerisiers en fleurs... Hokousaï était passé
maître en cet art. On a lu plus haut son dernier
poème, — affaibli par une traduction peut-être un peu

littéraire (empruntée à Goncourt) et qui en alourdit l'émouvante brièveté. De même que leur petitesse rend les nedzkés plus précieux, leur concision rend plus suggestive la sensibilité de ces menus chefs-d'œuvre.

Pourtant, s'il faut en croire la critique, nous avons affaire à un grossier artisan « sans culture ». Le paysan de Katsoushika a pu, sous divers pseudonymes, composer le texte de plus d'un kibiyoshi, faire aisément passer son style pour celui de Kioden, s'élever au-dessus de la vogue par une spirituelle parodie du gros roman d'aventures, se rendre fameux dans le genre de ces haï-kaï légers et profonds qui sont les joyaux du lyrisme japonais. C'étaient là sans doute des divertissements bas.

Mais l'âme de sa race s'y est exprimée tout entière. Par là, dans la mesure où l'on peut l'étudier, l'activité intellectuelle d'un Hokousaï, homme du peuple, frère de ces bons et subtils compagnons qui savaient être des délicats en restant des simples, mérite autant d'attention et de respect que la culture aristocratique des anciens âges et des hautes classes. Sans prétentieux dogmatisme, mais avec passion, avec plénitude, et par un exercice naturel de leurs dons, ces ouvriers et ces laboureurs sont des artistes. Ils pénètrent sans effort ce que leur langue appelle le « ah! » des choses, ils l'expriment délicieusement bien, avec les nuances qu'il faut.

J'admire surtout cette gaîté, qui les défend contre la lourdeur, et dont l'œuvre d'Hokousaï nous présente tant de traits. Ce fameux sourire japonais qui agace Loti et dont Lafcadio Hearn a donné une magistrale

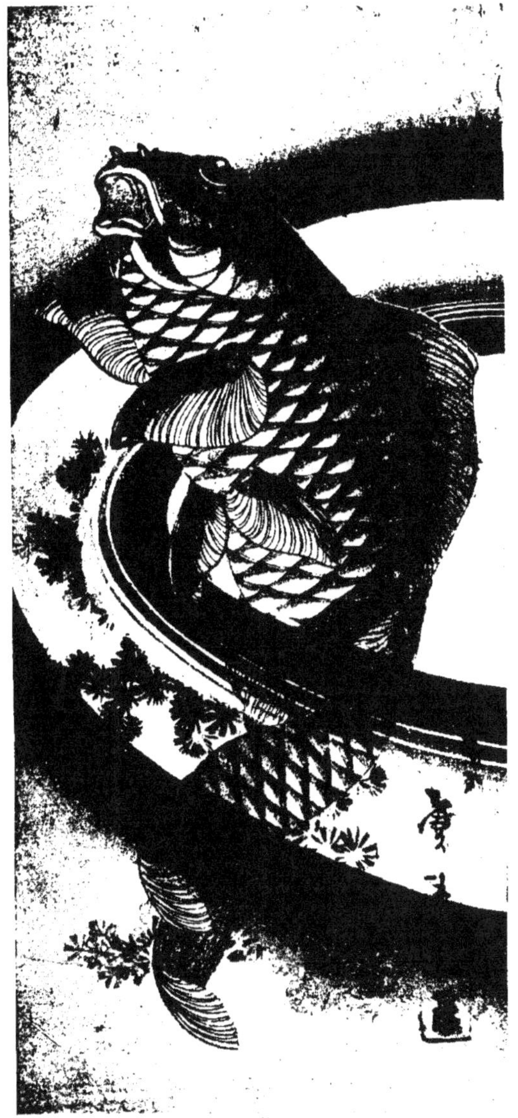

Photo Giraudon.

LA CARPE

(Estampe en couleurs, Musée du Louvre.)

(Page 141.)

analyse n'est pas seulement le signe d'une douceur bienveillante. Il met sur les lèvres ce qu'il y a au fond du cœur : un don d'universelle sympathie. Rien de retors dans cet humour : il est discret, il est simple. Il s'associe spontanément à tout ce qui vit, il en saisit le charme, la grâce ou la drôlerie. Il ne froisse rien. Il nous conduit à cette universelle curiosité, à cette ardeur de voir, de connaître et d'apprendre qui caractérise le génie d'Hokousaï et qui explique ce qu'il y a d'encyclopédique dans son effort.

* * *

Gai, curieux, poli, sensible, l'humour japonais s'allie au sérieux de certaines attitudes morales. L'âme d'Hokousaï est profondément religieuse. Un trésorier de la maison shogounale lui avait enseigné le bouddhisme. Il appartenait à la secte hokka, qui compte au Japon de nombreux adeptes et dont Nitchiren est le saint patron. Il allait souvent en pèlerinage aux sanctuaires de sa religion. Le dieu Miokenn, auquel il avait voué un culte particulier, semble faire partie du panthéon de cette église. Enfin le monastère de Sékiôdji, où il fut inhumé, est de la règle de Nitchiren. Les prêtres qui l'ensevelirent lui choisirent pour l'éternité le beau nom posthume d'*homme sincère*.

Quelle que soit sa ferveur, la religion d'Hokousaï est tolérante et n'exclut pas les autres croyances. Dans son immense répertoire de la nature et de la vie, le

bouddhiste Hokousaï fait une place aux riantes fictions
du vieux Shintô, cette religion aux temples magnifique-
ment vides, sans prêtres, sans livres saints et sans autels.
Les tomes II et III de la *Mangwa* nous présentent l'image
des bons génies shintoïstes, qui sont les protecteurs et les
camarades de la vie quotidienne. Les antiques person-
nifications des puissances naturelles sont là, et aussi les
ancêtres de l'industrie et des arts, — Okamé, qui inventa
les chants et les danses, Wakamoushi, qui inventa la
soie, Inari, qui étend sa bienveillance sur les rizières.
Puis, c'est le dieu de la pensée, le dieu de l'abondance,
le dieu de la victoire, le dieu de la pêche miraculeuse,
la déesse au luth, — enfin le bonhomme Hotei, le
saint Nicolas de l'extrême Orient, qui, sous ses paquets
de vieux habits, cache les merveilles dont sont
faits les rêves des petits enfants. Le ciel bouddhique
s'ouvre, peuplé de dieux plus sévères. Mais les dieux
sont périssables, tandis que la mémoire des saints demeure
éternelle. Nous les voyons enseigner leurs disciples,
s'abîmer dans la contemplation, faire jaillir des fontaines, dompter les bêtes de la terre. La plupart d'entre
eux sont des thaumaturges et des magiciens. Les
épisodes de leur naïve légende se succèdent, traversés
par les bonds capricieux des monstres et par l'ascension
des fantômes.

Le surnaturel tient une place importante dans l'œuvre
d'Hokousaï. Les cinq planches d'apparitions des *Cent
Contes* sont populaires, et terrifiantes. Le peuple créateur du dragon aux replis fabuleux a trouvé dans le

paysan de Katsoushika, bouddhiste convaincu, homme sincère, son plus génial inventeur de prodiges. A côté de ces griffons vastes comme des montagnes, dont le dos frémit sous les écailles et que secoue une férocité rageuse, Fafner paraît une machine d'opéra. Le tigre millénaire agite sa grosse tête ronde et moustachue, dont le pelage ne blanchit qu'après cinq siècles. Le spectre des assassinées surgit. La goule aux dents pointues, mangeuse d'enfants, darde un hideux visage, taché de sang frais. Est-ce bien là toutefois, comme le prétend Goncourt, l'œuvre d'un visionnaire éperdu de ses propres songes ? Quels que soient le prestige et l'autorité de ces fictions, l'on peut douter qu'elles sortent des profondeurs d'une âme vraiment hallucinée. Ce sont d'admirables fantaisies, de prodigieux épouvantails. Elles rappellent ces jouets extraordinaires et macabres faits d'une étoffe peinte montée sur quelques cerceaux de bambou, ces singuliers squelettes qu'une pression de doigt fait bondir autour d'un trapèze en ficelle. Comme le dragon géant promené aux lanternes, elles sont en papier, — elles sont épouvantables, et plus qu'aucune de nos inventions occidentales, mais avec une pointe d'humour. Elles répondent à des habitudes morales que nous avons peine à pénétrer, à une sorte de *crédulité consentie*, touchante, fine et gaie tout ensemble, qui est peut-être, après tout, le dernier mot de la sagesse.

Rien ne permet mieux, à mon sens, de comprendre ces nuances que l'image d'un éléphant appartenant au tome VIII de la *Mangwa*. Il est énorme et d'une vieillesse séculaire ; le poids de son corps ne fait pas plier ses pattes monstrueuses pareilles à des troncs d'arbres labourés par le tonnerre. Il semble pesamment accouru du fond des sauvageries primitives, sous le ciel effrayant des déluges taris. Des rides le parcourent, comme des vallées sillonnent un continent. Ses oreilles déchiquetées pendent sur ses yeux. Mais ce que l'on aperçoit de son regard est extraordinaire. Il est mieux que bon ; comme il sied à tout ce qui est très vieux, il est débonnaire. Il s'amuse paisiblement des petits hommes[1] qui circulent autour de sa décrépitude formidable, se suspendent à son échine, à sa trompe, à ses défenses, font couler les longs poils de sa queue entre leurs mains comme une chevelure, ou, les bras tendus, essaient de mesurer la circonférence de ses pattes, ainsi que des excursionnistes au pied d'un arbre célèbre. De même, velus, armés de griffes et de crocs, roulant des yeux frénétiques, beaucoup de ces monstres font penser à ces redoutables gaillards aux yeux d'acier, à la chevelure drue et hirsute, à l'humeur de tigre, qu'une faible femme suffit à dompter et qui prennent avec elle des intonations de petit enfant. La truculence des tengous ravit par son accent comique, mais ne fait frissonner personne. Il arrive que les dieux fassent la culbute.

On dira que c'est là le ton de la religion populaire,

---

1. Des aveugles qui cherchent à se rendre compte par le toucher de ses formes étranges. Cf. Duret, *Livres et albums illustrés du Japon*, p. 219.

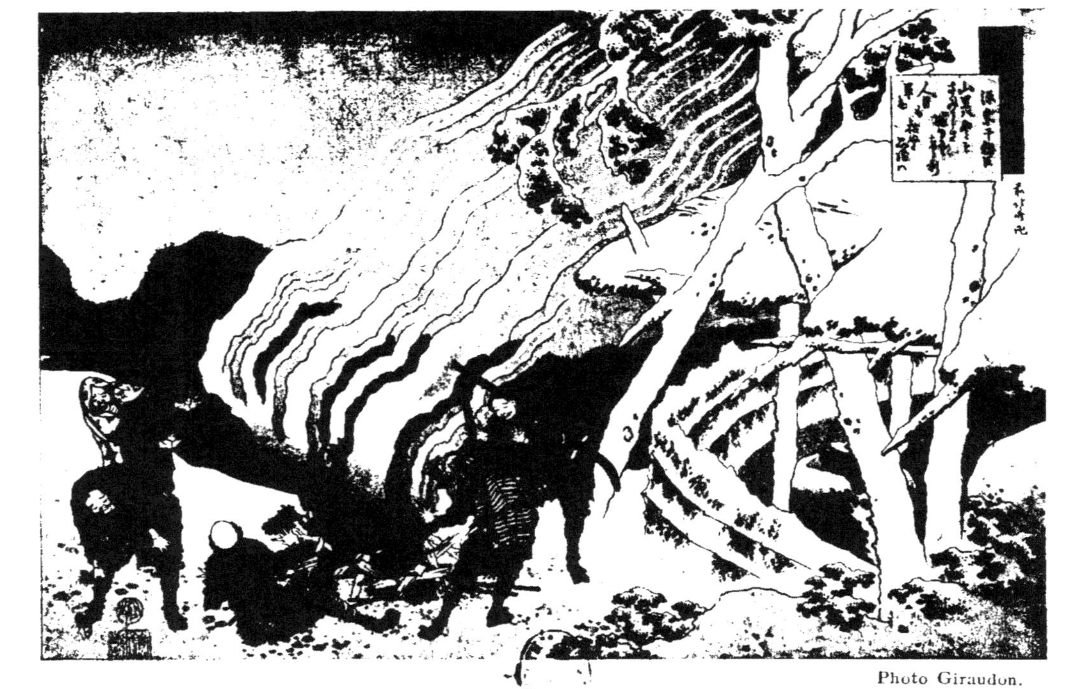

Photo Giraudon.

LE BRASIER

(Estampe en couleurs tirée des *Cent Poëtes*, Musée du Louvre.)

(Page 143.)

la puérile frivolité d'une âme incapable de s'élever à une piété grave et sereine. C'est méconnaître un élément essentiel du génie japonais, la verve familière, la bonhomie exempte d'âpreté. Une âme religieuse sous l'enveloppe d'un humoriste, voilà un trait rare et qu'il importe de retenir. Il faut l'admettre, si l'on veut comprendre tout un aspect de cet art. Il ne diminue rien, il s'efface quand il faut, il n'altère pas la beauté calme et pénétrante qui caractérise les illustrations de la *Vie de Çakya-Mouni*, le souffle qui traverse avec tant de largeur les grandes inspirations naturalistes. Il ajoute un sourire et de la grâce aux anecdotes du conteur moral, à la *Tactique du général Fourneau*, mais il se garde de faire grimacer les vertus des héros guerriers et des ascètes militaires. Au peuple dont ils ont bâti la puissance et illustré le caractère, Hokousaï tend, intacte, l'image de leur constance et de leur dévouement.

Il ne s'est pas lassé d'aimer le passé de la nation. A travers ses illustrations du roman chevaleresque, nous le devinons fourmillant d'atrocités et de vertus. Des vies pures et dévouées passent sur un fond de massacres et de ténèbres. Par delà les siècles, le resplendissement de leur exemple éclaire et fortifie les générations. Hokousaï ne s'est pas contenté de les montrer aux prises avec leurs rudes travaux ou se débattant dans le réseau des intrigues romanesques. Il a dénombré le peuple immense des grands ancêtres dans des albums qui n'étaient consacrés qu'à eux. Il a classé les *Portraits des guerriers d'après les premières syllabes de leurs prénoms*. Aux hommes du xixe siècle, il a montré les vassaux fidèles du vieux temps. A la dissolution du régime moral dans les dernières années de l'époque précédente, il a opposé les vieilles leçons des braves du Yamato. Par là il fut l'auxiliaire des régénérateurs, il a sa place dans l'histoire de la vertu japonaise.

Son mérite, c'est de n'avoir pas craint de parler au peuple la langue qu'il lui fallait et de lui avoir présenté comme des frères les valeureux hommes d'autrefois. Les héros ont la carrure un peu vulgaire des robustes garçons qui réparent les carènes ou qui soulèvent des pièces de charpente dans les combles des temples. Ils ne sont pas ensevelis dans la torpeur dorée des âges. Ils se dressent, avec les couleurs et les mouvements de la vie, et leur musculature est prête à des batailles. Le souffle prodigieux qui anime tant de réalités et de fictions et qui semble puisé aux sources mêmes de l'existence roidit leurs bras et gonfle leur poitrine. A côté des héros, les saints, les lettrés fameux et les grands artistes semblent accourir du lointain des siècles et se presser en foule sous nos yeux. Peut-être ont-ils perdu cette auguste austérité que leur conféraient la légende et le temps, mais ils sont doués de nouveau de cette réalité saisissante, de cette extraordinaire force persuasive : le caractère individuel et la vie. En face de ces figures de chair et de sang, les hautaines images de Yosaï se décolorent, reculent dans la poussière du passé et ne semblent plus guère qu'un commentaire calligraphique des caractères dont on trace leurs noms.

* * *

C'est que la rue est l'atelier d'Hokousaï, le peuple son modèle ; l'épopée des métiers est la plus belle et la plus vaste à ses yeux. Il aime le paysan peut être plus encore que l'homme des villes : c'est lui qui nourrit les peuples ; il a souffert des exactions du seigneur ou de ses suivants, les hommes à deux sabres ; à l'occasion, il a osé lever la tête et se révolter. Alors s'élève un chant d'une rare allégresse en l'honneur de la vie rustique et de ses humbles vertus. C'est avec une âme fraternelle que le paysan de Katsoushika célèbre les anxiétés, les joies, les besognes et les délassements du laboureur. Voici que se déroule à nos yeux le tableau d'une existence laborieuse et paisible, dans le paysage des larges plaines coupées de canaux et de sillons. Nous suivons au jour le jour ces rustres exquis, amateurs de parties de campagne et d'antiquités, poètes de haï-kaï. Sur les côtes, les pêcheurs plongent leurs filets dans la mer généreuse (pl. XI), et de toutes parts, d'Awa, de Katsoura et de Misaki, leurs barques charrient jusqu'à l'étal des poissonniers de Nihonbashi des cargaisons de coquillages, de poissons, de zoophytes, — toute sorte de monstres bons à manger. Les plongeurs s'enfoncent au sein des flots pour y chercher des régals particulièrement rares. Les garçons des marchands circulent parmi la foule, portant adroitement sur l'épaule une longue perche à laquelle pendent deux paniers pleins jusqu'aux bords. Des sourimonos

nous font voir le plateau de laque sur lequel on présente
l'anguille, le rouget et le poisson-lune. La carpe, légendaire au Japon pour sa vigueur et sa résistance qui lui
permettent de remonter les rapides et de franchir d'un
bond les cascades, agite en vain sa bouche puérile et se
pâme à l'air libre. Tous les trésors des profondeurs
font craquer les filets. Les mailles lourdes et la proie
mal contenue ruissellent.

Aux carrefours de Yeddo, dans les boutiques ouvertes sur la rue, s'accomplissent d'autres miracles quo-
tidiens. On tisse, on construit, on sculpte, on cisèle, on
vanne, on forge, on ferre les chevaux. Les boulangers
farceurs se mêlent aux badauds. Tout s'agite, tout
semble faire jaillir de la matière quelque chef-d'œuvre
vivant. Un saltimbanque montre un singe, — et c'est
de la grâce ; des acrobates se disloquent, font des tours,
— et c'est de la beauté. L'effort des laborieux et des
amuseurs fait passer sur leurs corps contractés ou déten-
dus une révélation éphémère de leur force ou de leur
souplesse. L'immense travail des grandes cités est saisi
en même temps dans son unanimité fiévreuse et dans
le pittoresque de son détail.

A cette passion de voir agir, besogner, créer, le fou
de dessin se livre tout entier. Et quand il quitte les
rues populeuses, quand il s'enfonce dans la nature,
il voit encore le monde en proie à l'universel mouvement, il sent courir les vents et palpiter la lumière.
L'orage déchire la nue, les flots bondissent sur l'océan.
Et les monts immobiles sur lesquels jouent les saisons

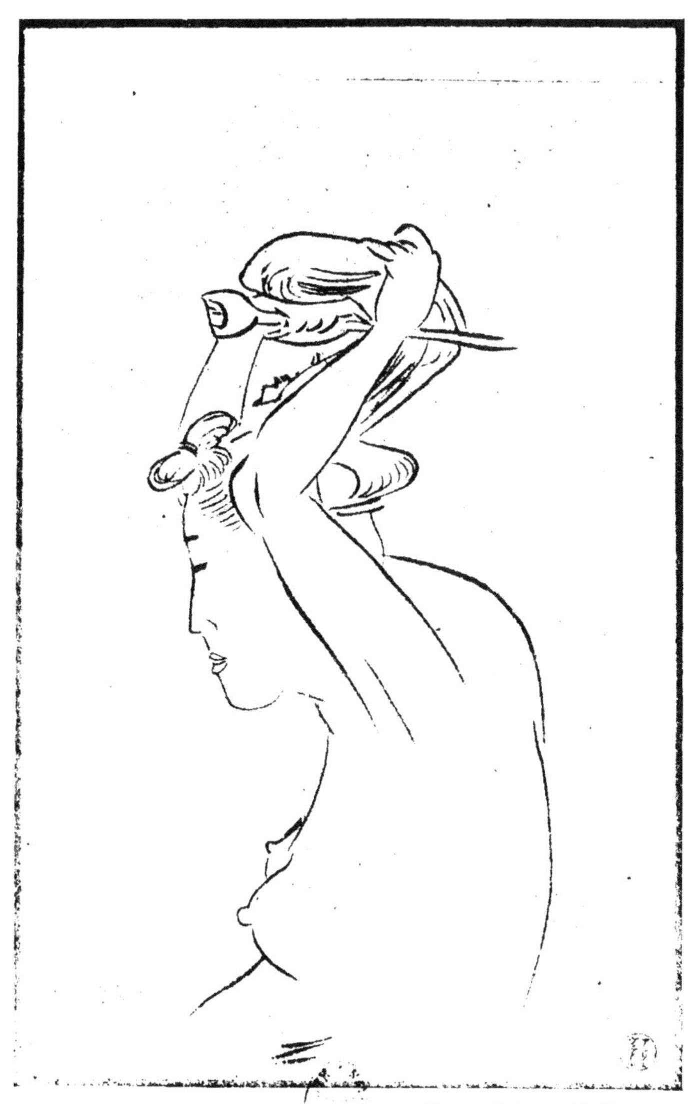

Photo prêtée par M. Vever.

ÉTUDE DE FEMME
(Dessin. Collection Vever.)
(Page 125.)

sont les témoins de désastres séculaires dont les sillons sont encore gravés en eux. Aux yeux d'Hokousaï, chaque apparence est l'expression d'une force et le reflet d'un passage. Chaque geste est un imprévu qui le charme. Pour s'en emparer et pour le fixer, il invente des raccourcis de méthode que la vie même ne peut devancer.

CHAPITRE II

LE DESSIN D'HOKOUSAÏ

Le mouvement et le caractère. — Aspects graphiques.
La composition. — Rôle du graveur.

« Je m'aperçois que mes personnages, mes animaux, mes insectes, mes poissons, ont l'air de se sauver des pages. Cela n'est-il pas vraiment extraordinaire ? Et un éditeur, qui a été informé de ce fait, a demandé ces dessins, de telle façon que je n'ai pu les lui refuser. Heureusement, le graveur Ko-Idzoumi, très habile coupeur de bois, s'est chargé, avec son couteau si bien aiguisé, de couper les veines et les nerfs des êtres que j'ai dessinés et a pu les priver de la liberté de se sauver. » Ainsi s'exprime Hokousaï dans la préface du tome II du *Riakougwa Hayashina*, Leçons de dessin rapide. Il confirme lui-même spirituellement ce que nous apprend l'examen de ses œuvres sur le principe et le caractère de son art.

Comment le peintre est-il parvenu à cette puissance de vérité ? Et d'abord, s'agit-il là simplement de quelque grimaçante illusion ? Si parfois, dans cet essai, il m'est arrivé d'employer le mot *instantané* pour qua-

lifier le soudain passage d'une activité quelconque, traduit avec exactitude, je ne l'ai pas pris au sens photo-
graphique. Les procédés mécaniques fixent les moments
de déséquilibre par lesquels passe le mouvement d'un
corps, sans suggérer ce mouvement même. Les images
arbitraires qu'ils découpent dans la continuité des phénomènes demeurent enchaînées à l'inertie de la matière.
Leur déclic n'enregistre pas une seconde de la vie, il
saisit au hasard et paralyse. Nos yeux ne connaissent
rien à ces graphics singulières, parce qu'ils sont moins
agiles. Habitués à coordonner des éléments rares et
distants, les seuls que leur imperfection organique leur
permette de saisir, ils ont peine à réassocier ces sortes
de surprises infinitésimales qui les déconcertent. La
suggestion artistique du mouvement est plus logique,
plus délicate, mieux appropriée à son objet et à nos
moyens. Elle nous enseigne à considérer les êtres et
les choses, non comme une collection d'immobilités
désordonnées, mais comme un libre jeu d'harmonies
éphémères.

La technique japonaise favorisait les recherches d'Hokousaï, la poursuite de la vie dans son activité rapide.
Par comparaison, nos peintres sont pesamment armés.
Ils ont à lutter contre une sorte de glu, contre le volume
et la densité d'une matière que leur pinceau, parfois, semble sculpter. Tous ceux qui se sont passionnés
pour l'action et pour le mouvement ont allégé leur bagage
et peint avec économie. Ils ont essayé de conserver à
leurs tableaux le caractère vigoureux et vif de l'esquisse.

Ils se sont également gardés de maçonner et de faire lisse. Cherchant à donner à la touche la concision, l'accent et la fermeté du trait, ils déterminent une série d'impressions rapides et décisives à travers lesquelles semble vraiment vibrer leur peinture. La vie se glace à mesure que la matière devient plus abondante et plus continue. Aussi bien est-ce peut-être dans un dessin qu'elle est le moins alourdie. Elle peut s'y déployer avec fougue, saisie par une étude que ne paralyse pas le souci de l'exécution. L'art, ainsi dépouillé, ne devient pas forcément plus sec, — mais plus léger et plus fort. Le trait n'aboutit pas à un schématisme monotone : il est divers, il est complexe. Il est peut-être la ressource la plus expressive et la signature la plus authentique du génie. La peinture de Delacroix par exemple bâtit des tigres et des lions d'une bestialité puissante, — mais, sur le papier griffé d'une plume enfiévrée et brutale, leurs bondissements élastiques comme leurs repos parcourus de frissons n'ont plus rien qui les asservisse. D'être succincts, ils deviennent plus ardents et plus terribles.

J'ai célébré les vertus du pinceau japonais, sa souplesse, sa fermeté. La plus remarquable peut-être, celle qui nous intéresse le plus ici, c'est qu'il n'interpose ni lenteur ni complications entre l'artiste et son modèle. Il ne pèse ni n'appuie, il court agilement sur le papier ou la soie : point n'est besoin d'insister, de revenir et de peiner. Aux mains des maîtres des écoles aristocratiques, il était l'instrument des calligraphies délicates ou ronflantes ; il dessinait les paraphes qui circonscrivent l'image des ascètes et des guerriers. Aux mains du vieillard Hokousaï, il semble bondir précipitamment et s'accrocher à la vie qui passe. Il a des interruptions, des sursauts, des laconismes d'une éloquence extraordinaire. Tantôt il s'abandonne avec une paresse charmante. Tantôt, vif, heurté, emporté, il ne se refuse à aucune audace, et il sait aussi se tenir à une élégante modération. Mais jamais sa virtuosité n'apparaît. Les tours de force et les beautés de facture sont trop faciles aux yeux d'un homme qui s'y est rompu. Le trait est un langage, le plus concis et le plus vigoureux. Il arrive qu'Hokousaï pose les pinceaux et se serve d'outils de hasard : ces exercices l'aident à se départir des habitudes et des conventions. Ces oublis successifs le rendent plus fidèle à la nature et plus sincère.

A la base de cette étude, il y a une observation analytique d'un caractère particulier. Les formes vivantes ne sont pas des silhouettes quelconques profilées sur l'espace. Elles existent et se manifestent en vertu d'une organisation intime et d'une structure. Sans doute l'analyse qui isole les uns des autres les éléments d'un tout pour les laisser gisants sur une table de dissection ne peut engendrer qu'un aride savoir de classification et de catalogue. Hokousaï est exactement le contraire d'un morphologiste pur. Mais il ne se contente ni d'un schéma ni d'un paraphe.

M. Vever possède un inestimable choix de croquis recueillis au Japon par un admirateur du maître et

montés avec soin sur un bel album. On peut les répar-
tir en deux groupes qui se complètent l'un l'autre : des
indications rapides d'un ensemble complexe, prises à
la hâte, se limitant à circonscrire la forme en mouvement (par exemple des mariniers manœuvrant un
chaland à la perche) ; d'autre part, des études de
jambes, de bras, de mains, serrées avec une extrême
précision et une grande vérité de caractère. L'observation
y atteint son maximum de perspicacité analytiques
mais elle n'immobilise rien, et le détail est toujours
conçu en fonction d'un ensemble. Cette recherche attentive n'aboutit pas plus à des vérités locales et à des beautés de morceaux que la dextérité d'Hokousaï ne le conduit à des agréments d'exécution. Il ne décroche pas
du mur de son atelier, pour l'examiner posément, un
exemplaire en plâtre de la forme éternelle. Son modèle
est là, qui court dans la rue. Il s'avance, ployé, mais
gaillard, sous une pyramide de fardeaux. Il invective,
le col tendu. Il se bat. Le poignet de la marchande tend
le panier de légumes : il détermine l'épaule et le reste.
Un joli bras nu écarte une jalousie : il tient à un
corps, que ce faible mouvement entraîne et révèle à
demi.

C'est cette méthode qui dirige les études du dessous
musculaire chez Hokousaï. Telle qu'elle se pratique en
Occident, d'après des morceaux de cadavres, des planches lithographiées ou des écorchés brandis dans des attitudes invariables, l'anatomie artistique est proprement
une science de l'immobilité et de la mort. Longtemps

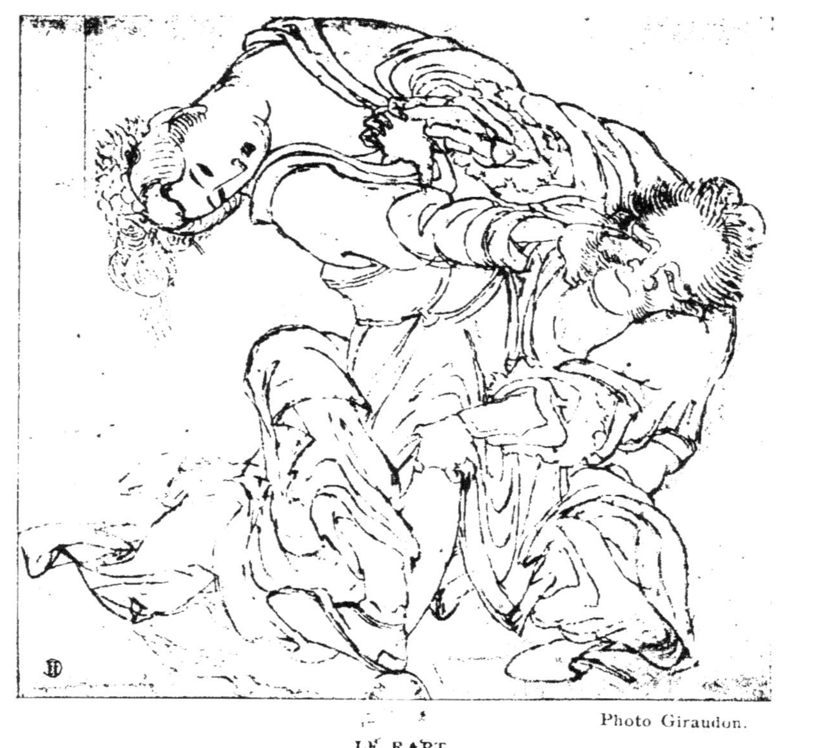

Photo Giraudon.

LE RAPT

(Dessin pour une planche d'illustration. Collection Vever.)

(Page 129.)

les Japonais n'ont pas soupçonné la scrupuleuse minutie de notre enquête ; longtemps ils se sont contentés d'indications conventionnelles, entachées souvent d'aimables erreurs. Hokousaï n'est pas parti d'une nécessité théorique, mais il a senti spontanément l'importance des reliefs qui apparaissent avec plus ou moins de saillie sous l'épiderme. Plus encore que l'exactitude des raccourcis et du geste, ils concourent à la vérité du mouvement, puisqu'ils révèlent les forces qui le déterminent.

Hokousaï n'avait que faire de camper sur une table d'atelier un pauvre diable déshabillé, choisi pour la lointaine conformité de son corps avec un type de perfection classique. Il vivait dans un pays où le populaire circule à moitié nu et ne rougit pas d'exhiber généreusement d'expressives musculatures. Il n'eut pas à résoudre par équation le problème du déplacement des volumes, sous la peau, il n'eut pas besoin d'imaginer le mouvement d'après des statues ou des poses, il ne fut pas amené à le concevoir comme une synthèse de pièces anatomiques. Il regarda plonger les pêcheurs, les bras allongés, le corps tendu, et la nudité souple des belles marinières s'ébattre au milieu des ondes (pl. IX). Il vit détaler les mollets nerveux des coureurs, et des hommes énormes, trapus, bourrelés de biceps, s'enlacer lourdement pour la lutte, en rentrant leurs cous de taureaux. Son pinceau relève avec une légèreté précise le trait essentiel et comme signalétique, celui qui souligne l'effort et collabore le plus efficacement à l'action. Il ramasse en lui

l'énergie sans l'affaiblir par une inutile géographie ana-
tomique.

A cet égard, rien de plus intéressant que ses études de
l'acrobatie, de la maigreur et de l'obésité. Il s'intéressait
aux athlètes excentriques de la rue, aux disloqués, aux
jongleurs, parce qu'ils sont eux aussi des artistes en souplesse. Leurs exercices les ont déformés : il y a des ventres
déjetés qui tombent sur les cuisses, des jambes courtes
et cagneuses, des dos canailles, aplatis, par le poids de la
« pyramide humaine », foulés par les larges pieds des
équilibristes. Mais tout cela s'exhibe avec puissance et
variété, grâce à l'arbitraire de la pose, grâce aux désar-
ticulations nécessaires. L'intensité de la vie nerveuse
parcourt l'épiderme de sillons et de frissons. Nus et tendus, les faiseurs de tours oscillent dans l'espace pour
s'immobiliser une seconde : mais cet instant même est le
résumé complet d'une série d'efforts lisibles à la surface
d'eux-mêmes. Ils semblent chevillés de bois et noués
de lanières (pl. VI).

Ce qui paraît sous la maigreur, ce ne sont pas les
nerfs, c'est la carcasse. La poitrine flotte sur la cage
thoracique comme une étoffe sur un panier. Tandis
que la chair des gras, où ballonnent des rondeurs,
où s'esquissent faiblement des sinuosités molles, donne
une lenteur et comme une onction de paresse au mouvement de la vie, la transparence de la maigreur montre
presque à nu le jeu de l'organisme. Son pittoresque
anguleux sollicite les saccades d'un dessin aigu (pl. VII).

*
* *

Joueurs d'échecs, cuisiniers, râcleurs de shamisen, grandes filles dégingandées à leur toilette, errants faméliques des carrefours, danseurs[1], tous sont vrais et vivants, non seulement parce qu'ils se meuvent ou sont prêts à se mouvoir, mais parce qu'aucun d'eux ne ressemble à l'autre. Ils n'évoluent pas vers le type, ils se distinguent avec énergie de leurs voisins. Loin de se limiter impersonnellement à l'exactitude du geste, de la contraction ou de la détente musculaire, l'observation d'Hokousaï va droit au caractère et s'en empare. Elle pratique scrupuleusement ce respect de l'individu qui est si frappant déjà dans la philosophie et la pédagogie zèn. La vie n'est pas une rafale qui emporte des figurants indiscernables. Du sommet du Fouzi-Yama, des hauteurs orageuses où séjournent les dieux, on peut considérer les humains comme un pâle troupeau de formes semblables. Devant la demeure d'Hatchiyémon, dans sa rue, défilent des êtres infiniment divers. Le sentiment que nous avons de leur vie n'est autre chose que la perception de leur particularité. Un homme, une femme n'existent à nos yeux qu'autant que nous les discernons dans la foule, et c'est à un trait que nous les discernons. Alors nous consentons à les douer de vie. Le reste est un songe. Sur un fond de mouvantes apparences,

1. Les trente attitudes du danseur, au tome III de la *Mangwa*.

l'individu se détache en relief et s'impose comme une réalité définie.

Mais un être vivant n'est pas individualité pure, et c'est d'un pêle-mêle d'identités qu'une attention patiente ou un don génial peuvent extraire l'accent qui le désigne. Aux analogies de nature se superposent les similitudes des métiers ; aux similitudes des métiers, les similitudes de province, de ville et de quartier. La complexion, l'humeur, le genre de vie, les habitudes corporatives dessinent la figure d'un être pareil à beaucoup d'autres pour la structure, le teint, la démarche et le vêtement, — et qui pourtant ne ressemble à personne. Il y a le trait qui caractérise la classe et la race, il y a le trait qui ne caractérise que l'homme. L'image de la vie nous présente des exemplaires humains à la fois reconnaissables et inédits, qui nous suggèrent l'idée du groupe, tout en restant eux-mêmes.

Hokousaï va plus loin que la peinture des mœurs. Sur ces visages, où un œil ordinaire n'aurait vu que l'usure du labeur et la médiocrité de la condition, il a mis le puissant relief de la vie personnelle. Plus encore qu'aux visages, il s'est attaché à l'expression du corps même. D'un dos courbé par l'effort ou détendu dans la paresse il a fait une sorte de physionomie singulière et parlante, qui rappelle la remarque de Daudet sur la valeur significative des épaules d'un homme vu par derrière, épaules portant tout le fardeau de sa tristesse et de son accablement comme toute l'allégresse de sa joie. Il en est de vantards, de cyniques et de débonnaires.

Il en est d'obtus, il en est de lascifs. Le dos d'une aimable oisive un peu grasse, à peine modelé, d'une chair riche sans lourdeur, est un poème de mollesse heureuse et d'égoïste béatitude. Et que dire de ces petits pieds féminins, crispés par l'effort, l'impatience ou le plaisir, ou traînant avec nonchalance dans le jardin matinal les socques de bois qui semblent tout près de les abandonner ?

La décrépitude et la misère dégagent avec rudesse le caractère de la forme, l'accent individuel et la force expressive. Tandis que l'aisance et la jeunesse noient l'énergie de la structure sous les dehors du bien-être et de la santé, la souffrance et les ans déshabillent leur homme de ses vêtements d'emprunt. Il apparaît alors dans sa nudité véridique, dessiné avec une vigueur pleine d'âpreté. Hokousaï est l'admirable peintre des vieux et des pauvres. Dans l'ombre des temples, au pied des escaliers monumentaux qui mènent aux sanctuaires fameux, sous les pins de Takasago, il accroupit la formidable statue de la sénilité. Les pélerins édentés, au chef branlant, égrènent leurs chapelets d'une main qui tremble. Vêtu de paille, un vieux paysan hirsute sommeille, les jambes étendues, et sa peau fendillée de rides et de gerçures, boursouflée de dartres, le fait ressembler à une antique épave rongée par les mers. Les chevelures broussailleuses des Aïnos voilent plus qu'à demi des visages à peine humains, les coiffent comme d'un paquet d'herbes sauvages et laissent filtrer la lueur d'un regard singulier. La ruine de la vêture ajoute

une sorte de poésie sordide à la misère des corps. D'inex-
primables loques oscillent autour du mendiant qui chemine, et le bâton noueux auquel il accroche ses mains
paraît aussi misérable et aussi vieux que son posses-
seur.

Car, sous le pinceau d'Hokousaï, les choses elles
aussi ont leur caractère et leur expression. Du fait
qu'elles sont associées à la vie humaine ou à l'harmonie
des forces naturelles, elles perdent leur inertie et leur
froideur, elles acquièrent une obscure personnalité. Au
milieu des campagnes, elles sont caressées par les vents.
Au bord des grèves, elles sont baignées par les flots. A
l'intérieur du foyer, des mains les touchent et leur communiquent quelque chose de la poésie domestique. Un
éventail, une bouteille à saké, des bols sur un plateau
de laque, interprétés par le maître, semblent participer
à des émotions et à des souvenirs, aux joies et aux peines
de l'existence familiale. — Malgré le désordre apparent
de sa structure, un groupe de rochers obéit aux lois d'une
logique serète dont sa forme est la résultante. Les études
de rochers de la *Mangwa* sont des portraits. Rongés à
la base, les uns tendent vers le large un mufle hargneux
et semblent des génies barbares opposés à la fureur des
vents. D'autres, pesamment accroupis sur le dos des col-
lines, paraissent accablés par le puissant sommeil de la
terre.

Toutes les formes, toutes les activités et toutes les
inerties, les témoins de l'existence de l'homme comme
les gardiens et les passants de la solitude, sont doués de

caractères propres et ne peuvent être substitués l'un à
l'autre. Dans cette œuvre immense, pas de redites. L'artiste se refuse à arrondir et à émousser pour réduire à un
type. Loin d'éliminer l'accident, l'imprévu, l'étrange, il
en fait l'indice de l'authenticité. Tout est une ressem-
blance, tout est une vérité. Les animaux, coquillages,
insectes, poissons, oiseaux, s'imposent à nous avec une
force d'évidence qui les laisse gravés dans la mémoire
comme la surprise d'une découverte. Hokousaï aime à
représenter les crustacés, parce que leurs formes agres
sives, hérissées de pinces et de crochets, les font pareils
à des ébauches de monstres abandonnées par un créateur
visionnaire (pl. IV *bis*) ; les insectes, pour leur petitesse
minutieuse, leur légèreté résistante, l'élasticité de leur
détente ; les oiseaux, parce qu'ils passent, parce que rien
n'asservit leur mobilité. Les planches du *Kwatcho gwa-
den* et du *Kwatcho gwajou*, Etudes d'oiseaux et de fleurs
(1848), résument avec autorité les deux traits saillants
de son génie comme dessinateur : caractère et mouvement. La vie animale, saisie sur la nature, d'après l'intimité des mœurs, raye les pages de vols, d'élans et de bonds.
Le col tendu des canards sauvages entraîne et dirige leur
plongée au milieu des roseaux. La nage tourbillonnante
des oiseaux de marais inscrit sur les eaux un sillage tour-
menté qui est comme le graphique de leur déplacement.
Les longs panaches de plumes du coq blanc et du coq noir
dessinent la trajectoire de leur ruée féroce l'un sur
l'autre et ferment les parenthèses de leur champ clos.
Les ailes horizontales du fabuleux oiseau Otöri établis-

sent l'assiette de son vol plané au milieu des espaces. Dans cette frénésie de l'action rien n'est laissé au hasard. Les pattes. les serres, l'attache de l'empennage, tout est construit et inséré. Les yeux regardent avec une intensité presque humaine. Les petites têtes présentent un tel caractère de vérité expressive qu'elles font penser à des visages. Ces êtres sont puissamment individuels, ils sont mobiles. Ils se sauvent des pages. Ils vivent.

.*.

Quels sont les éléments graphiques de cet art ? Quelle est, si l'on veut, l'écriture d'Hokousaï dessinateur ? Il est impossible de la réduire à une formule. Hokousaï a vanté l'excellence d'une pédagogie nouvelle et précise, celle des « ronds » et des « carrés », dans la préface du *Riakougwa*. Mais il ne faut y voir ni le point de départ ni le terme de ses expériences et de ses virtuosités. Elles sont innombrables. C'est ainsi qu'au cours de son séjour à Nagoya, il s'assimila le procédé de Foukousensaï [1] et qu'il publia en 1823 un célèbre recueil de dessins où un seul coup de pinceau trace, sans quitter le papier, mille silhouettes du vol, de la nage, de la démarche, l'*Ippitsou gwafou*. Il était sollicité par tout ce qui pouvait lui permettre de sténographier la vie avec force. Parfois il semble ébaucher un système. En tête du

1. Inventé par Sesshiou. Foukousensaï avait laissé son recueil inachevé : les éditeurs demandèrent à Hokousaï de le terminer.

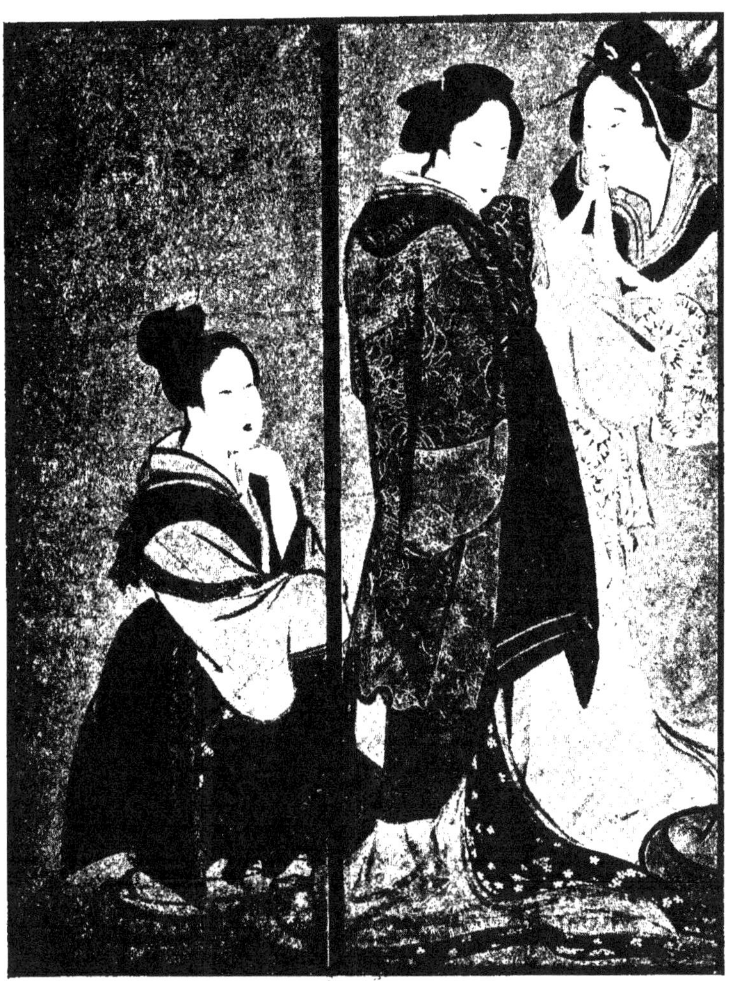

Photo prêtée par M. Vever.

DEUX FEUILLETS D'UN PARAVENT

(Collection Vever.)

(Page 137.)

Santaï gwajou, Les trois sortes de dessin (1815), Shokousanjin interprète ainsi sa pensée : « Dans la calligraphie, il y a trois formes, et ce n'est pas seulement dans la calligraphie que ces trois formes existent, c'est dans tout ce que l'homme observe. Ainsi, lorsqu'une fleur commence à s'épanouir, sa forme est, pour ainsi dire, une forme rigide; lorsqu'elle est défleurie, sa forme est comme négligée ; lorsqu'elle tombe à terre, sa forme est comme abandonnée, désordonnée[1] ». Indices d'une curiosité que rien n'arrête, ou mieux, dépôts provisoires d'une expérience qui poursuit son chemin. A travers ce monde de formes, il est toutefois possible de surprendre des traits caractéristiques et d'en définir au moins quelques-uns.

Il y a d'abord la *courbe sinueuse*, — longue, élégante, déliée. Elle circonscrit sans l'amaigrir l'ample volume des robes féminines et du manteau des nobles. A l'école de Shunsho, Hokousaï a pu en acquérir la pratique, — mais, tandis que, chez la plupart des maîtres de l'école vulgaire à la fin du XVIIIe siècle, elle tend à évoluer vers une graphie conventionnelle, chez lui elle reste un moyen d'expression sincère. Un dessin de l'ancienne collection Hayashi[2], représentant une femme en train de se peigner, apparaît ainsi comme une harmonieuse volute, dépourvue de toute inutilité ronflante. Hokousaï a transmis cette souplesse à son élève Hokkei, dont

1. Goncourt, p. 259-260.

2. Le style et le sujet du dessin reproduit par la planche XX se rattachent à la même série.

quelques charmantes esquisses féminines sont traitées avec une délicate largeur. Dans la facture des vêtements sillonnés de plis plus nombreux, — les plis d'une matière usée et fripée ou d'une étoffe très légère et sans « tenue », — le trait est parcouru de petites ondulations, soulignées par un systàme de *déliés* et de *pleins*. Ces derniers sont obtenus soit en appuyant le pinceau sans cesser de lui faire décrire sa courbe, — et c'est là le beau renflement des vieux Kano, — soit en le couchant de côté sur le trait, ce qui le rend pelucheux et pittoresque (pl. XXIII, XXIV).

Mais pour exprimer ce qu'il y a d'imprévu, d'accidentel, de heurté dans la vie, une courbe élégante ne suffit plus. C'est par *lignes brisées* qu'Hokousaï dessine les efflanqués et les loqueteux, par saccades anguleuses qui semblent accrocher rudement la forme. D'après le *Katsoushika Hokousaï den*, il arrivait à l'artiste de dessiner de bas en haut : l'exactitude de cette tradition est attestée par certaines esquisses où la structure organique paraît, non pas enlevée d'un seul jet, mais « édifiée », au sens propre du terme. On dirait que le dessin grimpe par secousses autour du modèle. L'irrégularité du dépôt d'encre à l'extrémité supérieure de chaque trait dénonce l'écrasement du pinceau parvenu au terme d'un de ses parcours. Quel que soit le sens dans lequel la main se meut, cette manière est tout à fait significative de l'art d'Hokousaï entre 1810 et 1820 environ. Sur les esquisses mieux encore que sur les estampes, où elle est moins sensible, elle a la valeur d'une signature. Qu'il s'agisse d'une loque pittoresque, d'une rocaille, d'un arbre déchiqueté sur le ciel, ou de l'anatomie accidentée d'un hère misérable, elle agrippe la forme et la dégage avec une âpreté mordante.

La représentation de la vie n'est pas une sèche projection linéaire, qui découpe arbitrairement des silhouettes dans l'espace. La continuité du trait emprisonne et paralyse l'activité des êtres. Elle les réduit à des schémas arides. Ils respirent, évoluent, frémissent et manifestent le souffle qui les anime, à condition qu'aucun réseau tendu ne se resserre autour d'eux. Le secret de la grande forme et de la forme vivante, en art, c'est qu'il lui est laissé du jeu. Le pinceau d'Hokousaï limite et interrompt ses parcours. Il a des pauses, des reprises courtes et pleines d'énergie. Il permet à la vue de circuler librement à travers des éléments épars, mais à leur place, et qu'elle sait spontanément relier. Ainsi nous accédons sans peine à l'essentiel : le caractère saillant d'un être ou d'un objet s'impose tout de suite à nos yeux. Nous devinons qu'entre toutes les parties d'un corps, il y a place pour des contractions et pour des tassements. Ce n'est pas qu'Hokousaï ne soit pas sensible à la belle unité de la matière, à la noirceur lustrée d'un plumage par exemple : pour l'exprimer, il lui suffit souvent d'une tache étalée et modelée avec les poils rebroussés du pinceau. Il en promène sur le papier la partie renflée de manière à ne laisser qu'un grain léger, prolongé par quelques points.

C'est ici qu'apparaît peut-être le mieux l'économie de

son art. Le *point* lui sert à suggérer, non seulement la vérité des surfaces, le persillé d'un rocher spongieux ou encore la vapeur d'eau qui s'élève en nuage au pied des cascades (pl. VIII), mais un modelé complet. L'on voit dans la *Mangwa* le dessin d'une montagne couverte de neige, dont la molle épaisseur, rendue avec une saisissante vérité, est obtenue par de gros points noirs, d'une forme apparemment arbitraire, qui font sentir sous la blancheur de l'hiver une sombre ossature de granit. Les végétations naines qui fourmillent dans l'ombre des falaises, sur les rives verdoyantes des rapides, le bouillonnement de la mer à la base des îlots, un vol d'oiseaux fuyant à tire d'aile sous un ciel d'automne, c'est à l'aide de quelques points qu'Hokousaï synthétise ces images complexes et communique leur poésie. Mais ces points, noirs ou colorés, quelle que soit leur dimension, n'ont pas une forme quelconque. Ils ne sont pas l'intersection de deux droites. Un outil d'acier ne les a pas enfoncés dans quelque dure matière. Touchés légèrement du bout du pinceau, ils présentent une forme plus ou moins régulière, tantôt aigus comme la pointe d'une graminée balancée par le vent, tantôt rongés sur les bords comme l'entrée d'une caverne ombreuse. Ils sont divers, ils sont vivants. C'est faire un contre-sens que de les interpréter comme un amusant hasard ou comme un accessoire pittoresque. Ils condensent sous le plus petit volume l'énergie des forces, ils propagent les vibrations et les ondes de l'universel mouvement. Ils sont le dernier mot de ce savoir immense et concis qui se refuse aux profusions inutiles, et comme les étincelles de cette vie cachée qui, dans l'œuvre d'Hokousaï, anime l'inspiration, le style et les procédés.

*
* *

Chez un artiste secondaire, le danger d'une pareille technique, c'est le manque d'équilibre et la discontinuité. Elle risque d'aboutir à une grimace rapide de la vie, plutôt que d'en donner une image émouvante et pleine. Mais au plus fort de ses audaces Hokousaï reste un grand poète de la forme, parce qu'il en a toujours respecté la puissante unité. Il ne l'éparpille pas autour des volumes, il ne lui permet pas de flotter. Ses compositions les plus belles sont conçues, non comme un graphique de forces divergentes ou comme un total d'éléments épars, mais comme un bloc. Le beau dessin de cavalier que M. Vever se plaît à appeler le *Saint Georges*, l'esquisse du *Rapt* (pl. XXI), œuvres pleines d'une admirable vie interne, ne la laissent pas écumer, ni crépiter au dehors. Elles la ramassent et la contractent avec énergie. Regardez ces deux corps qu'associe la fureur de la lutte, et vous ne verrez dans leur étreinte ni trous ni saillants inutiles. On dirait le dessin d'un statuaire, quelque groupe puissamment pétri, tout prêt pour la fonte. Les traces de sanguine visibles sous le réseau du trait noir attestent que nous n'avons pas ici le résultat d'une improvisation heureuse et de premier jet, un habile paraphe du pinceau, mais le terme d'un effort réfléchi, une harmonie voulue et longuement cherchée.

Même souci de l'équilibre et de l'unité dans des compositions moins denses, où le décor tient plus de place, où la vie humaine anime les aspects de la nature et se déroule dans un paysage. Avant d'établir définitivement les figures, Hokousaï les dessine sur de petits morceaux de papier qu'il découpe et qu'il pose successivement à divers endroits pour juger de l'effet. C'est ainsi que les esquisses des *Cent vues du Fouzi-Yama*, où la vie se manifeste avec un luxe, une variété, un imprévu d'attitudes et d'épisodes qui semblent tout spontanés, attestent une recherche de composition et une science réfléchie. L'art d'Hokousaï n'est pas une collection d'ébauches ou de caprices, comme on est parfois porté à le croire, c'est une inspiration disciplinée par une idée d'ordre, c'est l'effort d'un génie organisateur.

Des documents de ce genre, ces beaux dessins gras et puissants, ces aquarelles largement lavées dont la souplesse reste subordonnée à l'élégante fermeté de la forme, nous font sentir l'écart qu'il y a entre Hokousaï et ses interprètes, les graveurs. M. Vever a pu retrouver dans un fragment de kibiyoshi la gravure du *Rapt*. La différence de dimensions est d'abord à remarquer. Le dessin mesure 0,295 sur 0,315 ; l'estampe occupe un tiers de page environ, dans le format ordinaire des livres jaunes (petit in-12). Entre l'esquisse et la gravure est intervenue une réduction [1] de cette dernière, et c'est alors que le trait généreux du maître a commencé à devenir plus pauvre, plus froid et plus dur. Dans le bois enfin, il a pris quelque chose de coupant et de tendu. La coiffure de la jeune femme apparaît comme une tache noire, d'un effet aigre et brutal ; sa robe est constellée d'inutiles fleurettes. On peut répéter des observations du même genre à propos des beaux dessins des *Cent vues*. Ceux-là sont du même format que les gravures, mais le trait qui les dégage sur la planche ne laisse presque rien subsister de leur largeur et de leur naïveté. Hokousaï s'est évertué à guider son interprète, en traçant dans les marges des croquis complémentaires. Il serre un détail de la forme, il indique la manière de traiter les feuillages ou le terrain, mais l'œuvre du graveur, charmante et vivante quand on la voit seule, se vide d'un seul coup de toute poésie d'exécution et de toute personnalité, quand on la confronte avec son modèle. Une expérience aussi concluante montre ce qu'il y a d'incertain dans l'étude des maîtres japonais d'après les documents gravés.

---

1. J'ai parlé plus haut de la réduction des dessins d'Hokousaï par ses élèves pour la *Mangwa*. M. Vever possède un document exceptionnel pour l'étude de ce stade intermédiaire entre le dessin et l'exécution sur bois, un volume d'Isaï, tout prêt pour la gravure et dont les dessins sont traités avec une extrême précision, sans bavure du pinceau, sans repentir. Si l'on n'était assuré d'avoir en main des originaux, on les prendrait pour les estampes elles-mêmes. La question est de savoir à qui est dû ce travail, à l'artiste lui-même, au graveur ou à quelque professionnel de ces sortes de réductions.

CHAPITRE III

HOKOUSAÏ COLORISTE

Le peintre. — Les gammes des estampes. — Les disciples.
Conclusion.

Hokousaï nous a laissé dans son *Traité du Coloris*
(1848) un précieux résumé de ses expériences person-
nelles et une base sûre pour étudier sa technique de
peintre. C'est en tête de cet ouvrage que se trouve le
fameux portrait de l'artiste, un pinceau dans la bouche,
un à chaque main, un à chaque pied, dans une sorte
de frénésie picturale. En apparence, et si nous en
croyons la préface de l'auteur, il n'y a guère là qu'un
petit livre pour les enfants, un volume à bon marché,
fait pour que tout le monde puisse l'acheter, — mais le
vieillard y a résumé l'immense savoir de ses quatre-
vingts ans.

C'est premièrement un traité de l'éducation de l'œil.
Ce qui importe avant tout, c'est d'apprendre à discer-
ner les tons. Il faut commencer par éviter de con-
fondre le vermillon et la laque carminée, l'indigo et
le vert bleu. Par ses leçons, Hokousaï éveille chez l'enfant cette sensibilité, à laquelle le prédispose le génie de

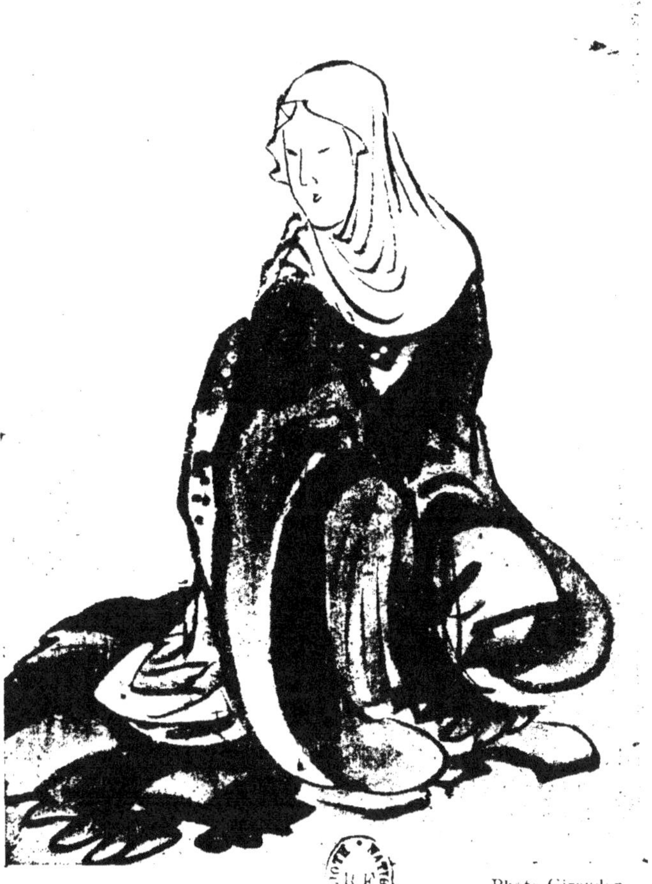

Photo Giraudon.

DESSIN LAVÉ ATTRIBUÉ A HOKOUSAÏ

(Collection Camondo, Musée du Louvre.)

(Page 126.)

sa race et qu'une culture exquise sait conduire et raffiner. Les apparences nuancées que les Japonais et les
Japonaises ont l'art de faire passer dans leur vie et
qu'ils associent avec tant de bonheur à leur décor journalier, les robes discrètes et chatoyantes que la démarche
des jeunes dames balance harmonieusement dans les
rues, les élégants bouquets qui fleurissent l'ombre de
l'autel domestique dans les plus humbles foyers, habi-
tuaient ces délicats à mille distinctions charmantes.

Dans son étude sur Outamaro, Goncourt nous révèle
« le *blanc d'aubergine* (blanc verdâtre), le *blanc ventre de
poisson* (blanc d'argent) ; les roses sont : la *neige rosée*
(rose pâle), la *neige fleur de pêcher* (rose clair) ; les
bleus sont : la *neige bleuâtre* (bleu clair) ; le *noir du
ciel* (bleu foncé), la *lune fleur de pêcher* (bleu rose) ;
les jaunes sont : la *couleur de miel* (jaune clair), etc. ;
les rouges sont : le rouge de jujube, la *flamme fumeuse*
(rouge brun), la *cendre d'argent* (rouge cendré) ; les verts
sont : le *vert de thé*, le *vert crabe*, le *vert crevette*, le *vert
cœur d'oignon* (vert jaunâtre), le *vert pousse de lotus*
(vert clair jaunâtre) : toutes couleurs rompues et char-
meresses pour l'œil du coloriste, couleurs aux adorables
nuances, dites fausses chez nous [1]... »

Hokousaï avait le don et la maîtrise de ces subtilités. Il nous entretient longuement du ton du sourire : « Ce
ton, appelé le ton du sourire, *waraï-gouma*, est employé
sur la figure des femmes pour leur donner l'incarnat de

---

1. Edmond de Goncourt, *Outamaro, le peintre des maisons
vertes*, Paris, 1891, p. 39 sq.

la vie, et aussi pour le coloriage des fleurs. Pour le fabriquer, ce ton, voici le moyen : il faut prendre du rouge minéral, *shôyen-ji*, fondre le rouge dans de l'eau bouillante et laisser reposer la dissolution : c'est un secret que les peintres ne communiquent pas. » Et nous assistons avec lui à toute la cuisine du ton, nous voyons l'artiste battre l'alun dans un godet, le tourner sur un feu doux, mélanger le blanc et le rouge. Il note toutes les espèces de noirs : « Il y a le noir antique et le noir frais, le noir brillant et le noir mat, le noir à la lumière et le noir dans l'ombre. Pour le noir antique, il faut y mêler du rouge ; pour le noir frais, c'est du bleu ; pour le noir mat c'est du blanc ; pour le noir brillant, c'est une adjonction de colle ; pour le noir dans la lumière, il faut le refléter de gris. » En suivant ces préceptes, les enfants, dit le vieux maître, seront en état de rendre la violence de l'océan, la fuite des rapides, la tranquillité des étangs et, chez les vivants de la terre, leur état de faiblesse ou de force. Mais que les élèves ne se croient pas asservis à des règles, qu'ils apprennent à pratiquer la grande vertu de l'artiste, l'indépendance : « Ils n'ont pas à croire qu'il faut se soumettre servilement aux règles indiquées ; chacun d'eux, dans son travail, doit s'en tirer selon son inspiration. »

Telle est la libre méthode qui a guidé ses propres recherches. En étudiant plus haut la succession de ses efforts, nous l'avons vu renouveler son savoir en traversant diverses écoles, apprendre à toutes les sources et même auprès de ses élèves. L'histoire de sa palette

révèle, en même temps qu'un rapide passage d'influences
dans son art, la volonté d'aboutir à une synthèse personnelle, à la puissance et à la vérité de l'effet.

*
* *

Les peintures d'Hokousaï sont peu nombreuses en
Europe. Au Japon même, elles restent encore difficiles à
rencontrer en séries et classées. Elles n'ont pas été con-
servées avec le même soin que les œuvres des maîtres
anciens, et nous sommes infiniment plus riches en
esquisses, en dessins, surtout en estampes. Il faut bien
reconnaître qu'Hokousaï a été, pendant la plus grande
partie de son existence, accaparé par l'illustration, plus
qu'aucun autre artiste de l'Oukiyo-yé. Peut-être même
a-t-il plus produit dans ce genre que ses contemporains
à eux tous. Nul doute qu'il n'ait été peintre abondant
et divers, mais, dans l'état de dispersion de ses kakémonos, il est à peu près impossible de recourir à eux pour
fixer d'une manière historique la succession des gammes
employées par lui ou, si l'on veut, ses différentes manières comme coloriste. Malgré les réserves que nous
impose l'intervention des imprimeurs, il est plus pru-
dent de s'en tenir aux estampes. Mais si les témoignages
de son talent de peintre sont distants et douteux, s'ils
ne nous permettent qu'une appréciation provisoire de
l'art avec lequel il a distribué les harmonies du ton, ils
nous laissent néanmoins une idée de la façon dont il a *manié*
la couleur, ils nous autorisent à analyser ses procédés.

Parmi les originaux de nos collections, il faut mettre à part toute une série d'aquarelles vaporeuses, humides, noyées, où l'encre de Chine joue au grand rôle, où la touche s'estompe dans la mollesse d'une brume aqueuse. Calmes, sans sonorité, elles étouffent le ton qui, touché légèrement à côté des gris et des noirs, se combine avec eux pour une harmonie délicate et lointaine. Ces compositions fluides appartiennent en grande partie à la jeunesse du peintre. Plus tard, il évolue vers la franchise et la solidité.

Il est certain que la connaissance, sinon la pratique de la peinture à l'huile ne fut pas étrangère à cette transformation. Si elle eut vraisemblablement une influence fâcheuse sur le choix de certains tons — par exemple un rouge épais et des gris sourds à partir de 1804 —, l'usage des glacis permit à Hokousaï d'obtenir à la fois l'enveloppe et l'éclat. La collection Gillot possédait une étude pour un kakémono représentant un aigle, où l'artiste ose des tons francs et qui chantent, avant de les couvrir et de les calmer, lors de l'exécution définitive. Mais c'est à l'emploi de la gouache qu'il a recours dans ses peintures, pour leur donner de la consistance : elle prend une place de plus en plus importante dans sa technique, au cours de la grande période. Tantôt — mais rarement — il couvre la soie et procède comme avec des couleurs à l'huile. Tantôt il ne se sert que de rehauts, de points de blanc pur par exemple, pour rendre la poussière d'eau des cascades ou pour toucher des accents de lumière sur des visages étudiés avec soin, traités comme des portraits. Tantôt enfin, il réserve un ton épais pour les joues fardées de la Japonaise.

Dans les dernières années, à partir de 1840 environ, la franchise du ton est extraordinaire. Hokousaï élimine de son bagage les souplesses et les artifices. A mesure qu'il vieillit, il devient plus succinct et plus énergique. Jadis il montrait des subtilités et des délicatesses d'exécution dont le kakémono représentant une partie de plaisir sur les rives de la Soumida (Hayashi) est un frappant exemple. Il lui arrivait de peindre en miniaturiste, mais avec le plus juste et le plus rare sentiment des valeurs et de l'atmosphère. A présent, maître de son art, il dépasse les élégances et les ingéniosités de l'homme habile, il les dédaigne, il juxtapose les tons avec une sorte de hardiesse farouche.

Le beau paravent [1] dont M. Vever a bien voulu nous permettre la reproduction (pl. XXII) appartient à une époque d'équilibre et de sérénité, probablement à la période 1796-1802. Traité avec une ampleur auguste et gracieuse, il atteste la toute-puissance de ce don si souvent contesté au paysan de Katsoushika, le style. Ces exquises femmes, groupées avec une aisance pleine de dignité autour d'une collation posée à terre, nous apparaissent, non comme des êtres lointains, devinés derrière les brumes du passé

---

1. Les personnages sont de grandeur naturelle. Le paravent a huit feuilles et mesure 6 mètres de long sur 1^m,85 de haut. Nous reproduisons les deux premiers feuillets, en allant de gauche à droite.

ou du songe, mais comme des présences sereines. Leur corps vit et respire sous leurs robes, d'un tissu nombreux et léger, dont il faudrait parler comme du manteau de Tanit. Nulle part des agréments de touche, aucune facile surprise de couleur : les tons, justes, puissants et simples, sont posés avec fermeté. Toute facture disparaît. Au fond de la galerie où M. Vever me fit l'honneur de déployer pour moi ce chef-d'œuvre, ces nobles images s'imposèrent à mes yeux, non comme une admirable fiction pittoresque, mais avec le charme d'une réalité soudaine. Nous n'avons pas là le total des leçons de Shunshô, de Kiyonaga, d'Outamaro, mais une de ces inspirations exceptionnelles où la majesté du style tient à la majesté même de la vie.

*
* *

Pour beaucoup de critiques, Hokousaï n'est pas un des maîtres de l'impression en couleurs. Dans son œuvre, leurs préférences à cet égard vont aux planches de sa jeunesse, parce qu'elles se rapprochent des harmonies onctueuses, paisibles et douces que nous devons au déclin de l'école vulgaire. L'audace et l'acidité de sa dernière manière ont fait croire qu'il se désintéressait de l'impression proprement dite, qu'il en laissait le soin à des artisans et qu'il négligeait cette imagerie. Curieuse attitude, si l'on songe aux scrupules avec lesquels il choisissait et dirigeait ses graveurs. En réalité Hokousaï considéré comme coloriste dans ses estampes, surtout dans ses paysages, se présente comme un novateur inégal, hardi, toujours conscient de ce qu'il cherche et de ce qu'il veut.

Le ton fut d'abord à ses yeux une tache harmonieuse, l'élément d'un ensemble décoratif. Les acteurs qu'il peignit dans l'atelier de Shunsho portent des robes d'une nuance délicate, et dont les couleurs s'échelonnent dans une gamme restreinte, d'une distinction sobre, — jaune, rose et brun clair. Tons légers, tous transparents, dissous dans une eau abondante, et qui font penser à d'anciennes aquarelles, mangées par des années de soleil. L'art de Kiyonaga rayonne encore sur les premières œuvres du jeune peintre. Une discrète chaleur fait vibrer ces harmonies impondérables, ces fantômes pâles et charmants, qui dans les recueils des vieux maîtres, chez Toyokouni en particulier, semblent appartenir aux lointains les plus reculés de l'espace et du temps. Dans les dernières années du XVIIIe siècle, Hokousaï fut séduit par la froide pureté d'Yeishi. Le jaune demeure une note importante, mais il est accompagné de gris, de vert et de bleu. Peu après, l'artiste s'intéresse à des effets plus véhéments, dont l'imagerie des *o'souyé* et les sourimonos de Kyôto lui fournissaient sans doute le modèle. C'est à la même époque qu'il se mettait à ses premiers essais de paysage et qu'il tentait d'exprimer avec sincérité la pourpre généreuse et transparente des beaux soirs.

La gamme qui, dans le premier tiers du XIXe siècle, est la plus caractéristique dans son œuvre, surtout à partir de 1820, c'est celle qui va du bleu foncé au jaune pâle, en passant par des dégradations de bleu-vert et de vert-jaune. Dès 1815, en rééditant les *Vues des rives de la Soumida*, il ajoutait ou substituait des tons bleutés aux harmonies du premier tirage. Il utilise la puissance et la profondeur des bleus dans des impressions séparées, dans des sourimonos et dans des dessins d'écrans, traités en camaïeu. Ils constituent la dominante des grandes séries de paysages. Dans les huit *Cascades*, par exemple, ils servent non seulement à établir l'étincelante froideur de l'effet, mais à installer la forme. Un trait bleu est substitué au trait noir, profile les rochers, les arbres, le terrain et les figures. C'est qu'il est plus léger et plus aérien que l'encre de Chine. Dans les lointains éthérés, à l'horizon des mers qui baignent le cône de bronze du Fouzi-Yama, il indique à leur plan la voilure des barques. Accompagné d'un bleu clair et d'un blanc, il traduit la transparence lumineuse des chutes d'eau à travers lesquelles poudroie le soleil. Il est le signe d'une grande découverte : l'atmosphère. Pour éviter de rompre l'unité harmonique, le titre et la signature sont également imprimés en bleu. Le cachet rouge apparaît à peine.

Mais, quelle que soit sa valeur, cette préférence n'est pas exclusive. Elle ne déborde pas arbitrairement du paysage sur les autres formes de l'activité artistique. Les années qui suivent la publication des *Cascades*, des *Ponts* et des *Vues du Fouzi-Yama*, voient paraître des merveilles d'impression nuancée, notamment deux séries de fleurs, de dix planches, fleurs à la fois souples et pré-

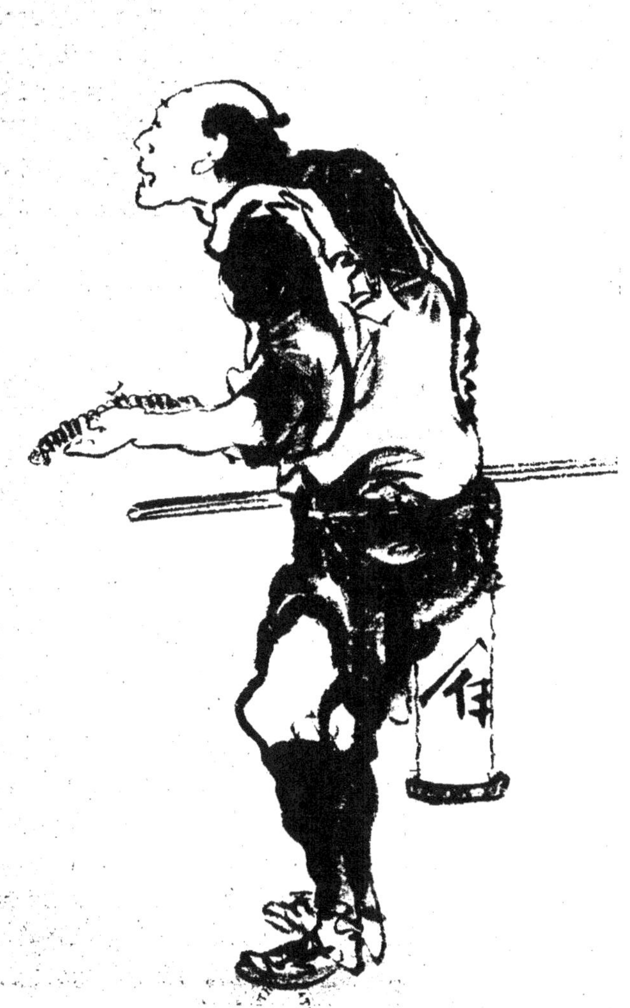

Photo Giraudon.

DESSIN LAVÉ ATTRIBUÉ A HOKOUSAÏ
(Collection Camondo, Musée du Louvre.)
(Page 126.)

cises de dessin, généreuses et calmes de ton, frais bouquets de couleurs (pl. XIV, XV, XVI, XVII). Puis ce
sont des carpes qui bondissent, argentées, dans l'argent
des rapides (pl. XVIII), des tortues de bronze,
enfin les fameuses *Grues dans la neige,* qui, duvetées,
frissonnantes et molles, tachées de rose et de bleu, s'en-
lèvent sur la blancheur floconneuse des frimas. Dans les
paysages même, la grande note atmosphérique des bleus
s'associe souvent à des tonalités franches, auxquelles
son voisinage communique de la légèreté. Sous la bande
sombre qui indique la profondeur du zénith, le ciel
crépusculaire, d'un rose enflammé, s'élargit avec une
sérénité infinie au-dessus des étendues marines. Autour
de la longue poutre blanche attaquée par le scieur de
long, une fumée rousse s'échappe en tourbillonnant
d'un réchaud et ses volutes, de plus en plus aériennes,
pâlissent en montant dans l'atmosphère : le même ton de
rouille colore les pentes du volcan et quelques vestes d'ouvriers (*Trente-six vues,* pl. 14 . Ces moyens simples assurent
à la composition l'unité décorative et, répartis sans
monotonie, n'ôtent rien à sa vérité. D'autres planches des
Trente-six vues sont plus audacieuses. Le *Beau temps
par un vent du sud* (pl. 8) laisse paraître entre les arêtes
de la neige qui coiffe le sommet et sous les pins des
pentes inférieures le rocher cru. Vu de la province
de Kahi (pl. 16), le mont est à sa base d'un rouge brun
puissant ; à mesure qu'il s'élève, les couches d'air inter-
posent une brume d'un bleu profond, jusqu'à la blancheur immaculée du pic. L'artiste cherche à varier l'effet

en variant les tirages et, sur le même **paysage**, fait passer la différence des automnes et des printemps.

Le choix et la distribution des tons déterminent ainsi des effets d'une unité robuste et, parfois, d'une saisissante grandeur. La manière dont ils sont traités est très significative elle aussi. Nous ne les voyons ni divisés ni assourdis. Peu nombreux dans la gamme d'une même estampe, ils conservent toute leur franchise. Ce n'est pas qu'ils se juxtaposent avec brutalité, comme dans ces paysages marquetés, dont quelques peintres européens croient avoir emprunté au Japon le principe et les modèles. Ils sont modelés et ils sont dans l'air, grâce à deux procédés simples : le ton sur ton et le dégradé. Sur le bleu ou le bleu vert des arbres, par exemple, des accents du même ton, mais plus fourni et plus dense, font sentir le fourmillement des feuillages. D'autre part, pour rompre insensiblement une teinte plate, sans heurter nos yeux à des discontinuités choquantes, l'artiste la pâlit et l'atténue jusqu'à la marier au ton voisin, jusqu'à la dissoudre dans la blancheur du papier. Dans les paysages d'étendues, entre la bande foncée du zénith et la bande foncée du premier plan s'incurve toute la profondeur de l'atmosphère.

Ces paysages d'Hokousaï, colorés avec tant de délicate franchise, nous donnent l'image la plus élevée, la plus sereine, sinon la plus complète de son art. Ils ont pour eux le style, — c'est-à-dire l'ampleur décorative (pl. XIII) et la majesté. Au-dessus des horizons marins, en plein ciel, se dresse une forme immense qui domine l'agitation de la vie humaine et la paix des solitudes. Ses grandes lignes austères attestent encore le pouvoir des antiques convulsions qui, du sol crevé de l'archipel, firent jaillir le volcan jadis couronné de flammes, à présent blanchi de neiges éternelles. Nous assistons aux jeux redoutables des forces élémentaires : la vague, fleurie d'écume, précipite par lourds élans sa pesanteur fragile (pl. X) ; le vent et l'orage balaient les vallées, les pluies torrentielles de l'été tombent avec une formidable roideur. Partout se manifestent les puissances cachées et le mouvement de la vie : poussés par un vent du sud, des nuages passent, semblables à des nefs d'ivoire. La fumée d'or du brasier s'élève avec une roideur ronflante, irritée par un vent oblique (pl. XIX). Sur le flanc des monts, le dégradé du ton indique la projection momentanée d'une ombre céleste et la marche insensible des heures. Les prétextes ordinaires des paysagistes japonais, la neige, le soir et le clair de lune, devenus à la longue l'objet d'une poésie un peu factice, ne suffisent pas à Hokousaï, et, s'il s'élève au style, ce n'est pas seulement parce qu'il est capable d'être égal à la majesté des formes, c'est parce qu'il a la largeur et la sincérité du sentiment ; c'est que, sans amuser notre attention en l'éparpillant, il sait faire courir sur l'immobilité des assises naturelles la mobilité des apparences. De là un double caractère : la force architectonique alliée à la poésie de l'impression fugitive et à la rapidité de la vie.

Et c'est par là surtout que l'influence d'Hokousaï s'exerça sur l'art de ses successeurs et sur les maîtres européens eux-mêmes. Parmi les disciples immédiats, depuis le plus ancien, Hokouba (premier tiers du XIXe siècle), jusqu'au plus illustre, Hokkei, qui naquit en 1780 et mourut entre 1854 et 1859, tous, auteurs d'illustrations pittoresques, d'albums de poètes et de guerriers, d'étincelants sourimonos, Gakoutei, Shighé-nobon, gendre de l'artiste et son fidèle imitateur jusqu'à l'époque de son divorce, Hokououn, d'abord architecte, continuent avec plus ou moins d'éclat et d'autorité la grande tradition naturaliste à laquelle Hokousaï avait ramené l'école avec une incomparable vigueur. Les uns ne surent que copier le style du maître, avec une fidélité qui tourne au pastiche servile et dont la *Mangwa* d'Hokououn est le plus frappant exemple. D'autres, comme Hokkei, ont un don tout personnel de grâce élégante et nerveuse. Les éditeurs d'Osaka accaparèrent un certain nombre d'entre eux, parmi lesquels il faut citer Hokoujiou et Hokoumei, et leur firent exécuter des albums d'acteurs. Le plus jeune des disciples d'Hokousaï, Kiosaï, qui signe parfois « le singe ivrogne et fou », semble avoir surtout retenu des leçons et des œuvres du maître le trait comique et la puissance de synthèse qui convenaient à sa propre verve et auxquels son coup de pinceau anguleux prête un accent caricatural. Il fut populaire et très aimé. Les Japonais lui font l'honneur de l'appeler leur second Hokousaï.

J'ai dit quelle part relative il convient de faire à l'influence européenne dans l'art du grand peintre. Le style de certaines masses de feuillages, surtout dans les esquisses de la *Mangwa*, la perspective exacte des maisons qui bordent le canal dans la *Vue du pont de Nihonbashi* sont assurément de faibles indices, ajoutés à ceux que nous connaissons déjà. Ce n'est pas l'étude de l'Europe, c'est l'observation de la nature qui libéra Hokousaï des disciplines chinoises. Chez Hokouba, cette influence est plus nette, dans ses paysages d'estuaires, traités à la manière dite « hollandaise », et l'on cite une estampe d'Hokoujiou représentant un fleuve sillonné de barques qui portent des personnages costumés en seigneurs du temps de Louis XIV. Moins accidentelle, plus réfléchie et merveilleusement adaptée à l'esprit comme à la technique de l'art japonais, l'action de l'art occidental se révèle avec franchise dans l'œuvre d'un homme qui, sans doute, ne fut pas l'élève d'Hokousaï, mais qui lui doit beaucoup, le grand Hiroshighé. Mais si, pour installer ses paysages, il fit intervenir des éléments d'emprunt dans leur composition et dans leur structure, il demeura fidèle par ailleurs à l'inspiration naturaliste, à l'étude attentive d'un univers sur lequel passent les apparences éphémères des saisons et des heures. L'effort d'Hokousaï n'a pas eu pour terme une imitation étrangère à l'esprit de la race. Seuls ses disciples les plus médiocres s'y sont trompés. Il demeura pour les autres une leçon de sincérité.

CONCLUSION

Il y a un art des profondeurs, qui semble reculer les limites de l'univers et de la connaissance. Il est chargé de la méditation des maîtres et traduit mille accords intimes qui résonnent en eux avec une force étrange. Il est le langage par lequel s'expriment, avec l'alphabet des formes, la puissance des songes, la magie du passé, les féeries intérieures. La légende et l'histoire, comme la nature et la vie, servent uniquement de prétexte à ses magnificences mystérieuses. Enigmatique aux yeux du vulgaire, il fait passer un coup de soleil vertigineux sur les réalités cachées, et, d'autres fois, il semble les ensevelir dans une nuit dorée, qui palpite de leur présence.

D'autres maîtres voient dans la nature, non les tressaillements d'une puissance secrète, non le dédale d'une rêverie obscure et supérieure, mais un splendide déploiement d'apparences. Ils sont attentifs aux jeux divers des formes et de la lumière, à tous les souffles qui errent à la surface changeante du monde. Ce n'est pas le sens de la vie qui les sollicite, mais la vie même. Elle passe. Ils essaient de la capter sans l'immobiliser. Ils ne s'épuisent pas à la surcharger de symboles ou de pensées. Elle enivre leur inspiration sans rendre leur analyse obtuse. Ce qui les attire, ce n'est pas qu'elle est mystérieuse et profonde, c'est qu'elle est instantanée et diverse. Ils répandent sur elle une activité qui ne se lasse point et qui tente d'être aussi souple et aussi rapide que son modèle. Le mot réalisme est mal fait pour ces artistes. Il semble les grever d'une inéluctable lourdeur, les associer pour jamais à quelque matière vulgaire et pesante. Il faudrait les appeler les peintres des phénomènes terrestres. Car c'est à la variété des phénomènes qu'ils appliquent toutes les ressources d'un art dont le principe est la curiosité et dont une synthèse expressive est le terme.

Tel fut Hokousaï. Il pensa que la vie était matière plus ample et plus belle que les augustes cérémonies d'autrefois, que les songes indiscernables des héros et des dieux. Il resta près du peuple, parce que le peuple au travail pouvait seul lui donner le prodigieux spectacle de l'activité humaine dans tout le déploiement de son habileté robuste. La vie des formes et la poésie du mouvement étaient là. Vie et mouvement, étudiés dans la peine ou dans la joie des hommes, comme dans le fourmillement du monde animal, dans le brusque déclic qui fait bondir l'insecte, dans un nerveux coup de nageoire, tel est le grand principe qui régit la curiosité de l'artiste et qui la tient en éveil, partout où chemine, s'agite, se démène et se tord une forme organique. Ni la culture d'une sensibilité délicate, ni la méditation

des grands exemples légués par le passé, ni la recherche
d'un style qui réside dans l'immobilité ou dans les len-
teurs ne pouvaient le satisfaire. Il a voulu que son art
fût égal, non à l'élévation d'un beau songe solitaire,
mais à l'accent et à l'activité des formes vivantes. Son
œuvre n'est pas un catalogue de souvenirs savants : c'est
une expression directe et saisissante qui défie les temps
et qui anime d'une flamme subtile l'inerte matière sur
laquelle elle palpite encore.

TABLE DES PLANCHES

TABLE DES PLANCHES

TABLE DES MATIÈRES

DEUXIÈME PARTIE
L'ART D'HOKOUSAÏ

CHAPITRE PREMIER
L'inspiration populaire.

CHAPITRE II
Le dessin d'Hokousaï.

CHAPITRE III
Hokousaï coloriste.

MUSIQUE. — BEAUX-ARTS
(Extrait du Catalogue).

LES MAITRES DE LA MUSIQUE
Études d'Histoire et d'Esthétique, publiées sous la direction de **M. JEAN CHANTAVOINE.**
Volumes in-8 écu de 250 pages environ, à 3 fr. 50
Collection honorée d'une souscription du Ministère des Beaux-Arts.

VOLUMES PARUS :

Palestrina. par Michel Brenet (4e *édit.*).
César Franck. par Vincent d'Indy (7º *éd.*).
J.-S. Bach. par André Pirro (3e *édit.*).
Beethoven, par Jean Chantavoine (7e *édit.*).
Mendelssohn, par C. Bellaigue (3e *éd.*).
Smetana, par William Ritter.
Rameau. par Louis Laloy (2º *édit.*).
Moussorgsky, par M.-D. Calvocoressi (2e *édit.*).
Haydn. par Michel Brenet (2e *édit.*).
Trouvéres et Troubadours, par Pierre Aubry (2e *édit.*).

Wagner, par Henri Lichtenberger (4e *éd.*).
Gluck, par Julien Tiersot (3e *édit.*).
Gounod, par G. Bellaigue (2º *édit.*).
Mozart, par H. de Curzon.
J.-J. Rousseau. par Julien Tiersot.
Meyerbeer, par L. Dauriac.
Schutz, par A. Pirro.
Liszt, par Jean Chantavoine (3º *édit.*).
L'Art grégorien, par Amédée Gastoué (2º *édit.*).
Lully. par Lionel de la Laurencie.
Haendel, par Romain Rolland (3º *édit.*).

Année Musicale (L') publiée par MM. J. Chantavoine, L. Laloy, L. de la Laurencie, Michel Brenet. 1re *année* 1911, 1 vol. gr. in-8 de 350 pages. . . . 10 fr. »
— 2e *année* 1912. 1 vol. gr. in-8. . . . . 10 fr. »
BAZAILLAS (A.), docteur ès lettres, professeur au lycée Condorcet. **Musique et inconscience.** 1 vol. in-8 . . . . 5 fr. »
BRENET (Michel). **Musique et Musiciens de la Vieille France.** 1 vol. in-16. . . 3 fr. 50
CHANTAVOINE (Jean). **Musiciens et poètes.** 1 vol. in-16. . . . . 3 fr. 50
COLLET (H.). **Le mysticisme musical espagnol au XVIe siècle.** 1 vol. in-8. . . . 10 fr. »
DAURIAC (L.). **La psychologie dans l'opéra français** (Auber, Rossini, Meyerbeer). 1 vol. in-16. . . . . 2 fr. 50
— **Essai sur l'esprit musical.** 1 vol. in-8. . . . . 5 fr. »
DUPRÉ et NATHAN. **Le langage musical.** Préface de Ch. Malherbe. 1 vol. in-8 . . . . 3 fr. 75
GUILLEMIN. **Les éléments de l'acoustique musicale.** 1 vol. in-8. . . 4 fr. »
— **Génération de la voix et du timbre.** 2e édit. 1 vol. in-8 . . . . 5 fr. »
JAELL (Mme Marie). **L'intelligence et le rythme dans les mouvements artistiques.** 1 vol. in-16 avec figures. . . . . 2 fr. 50
LICHTENBERGER (H.). **Richard Wagner, poète et penseur.** 5º édit., revue. 1 vol. in-8 (*Couronné par l'Académie française*). . . . . 10 fr. »
LISZT (Fr.). **Pages romantiques,** publiées avec une introduction et des notes par Jean Chantavoine. 1 vol. in-16. . . . . 3 fr. 50
POCHHAMMER (A.). **L'anneau du Nibelung de Richard Wagner.** *Analyse dramatique et musicale,* traduit de l'allemand par Jean Chantavoine. 1 v. in-16. 2 fr. 50
RIEMANN (H.). **Les éléments de l'esthétique musicale.** Traduit de l'allemand par G. Humbert. 1 vol. in-8. . . . . 5 fr. »
SERVIÈRES (Georges). **Emmanuel Chabrier (1841-1894).** 1 vol. in-16. 2 fr. 50
VAUZANGES (L.-M.). **L'écriture des musiciens célèbres.** 1 vol. in-8 écu avec 48 reproductions d'autographes. . . . . 3 fr. 50

LIBRAIRIE FÉLIX ALCAN

FÉLIX ALCAN ET R. LISBONNE, ÉDITEURS

EXTRAIT DU CATALOGUE

PHILOSOPHIE — HISTOIRE — SCIENCES — MÉDECINE
ÉCONOMIE POLITIQUE — STATISTIQUE — FINANCES

TABLE DES MATIÈRES

PARIS

108, BOULEVARD SAINT-GERMAIN, 108 (6e)

—

JANVIER 1914

BIBLIOTHÈQUE

DE PHILOSOPHIE CONTEMPORAINE

VOLUMES IN-16. — Brochés, 2 fr. 50.

Derniers volumes publiés :

Bauer (A.). La conscience collective et la morale.

Bonet-Maury (G.). L'unité morale des religions.

Bourdeau (J.). La philosophie affective.

Estève (L.). Une nouvelle psychologie de l'impérialisme : Ernest Seillière.

Finnbogason (G.). L'intelligence sympathique.

Hachet-Souplet (P.). De l'animal à l'enfant.

Halbwachs (M.). La théorie de l'homme moyen.

Höffding (H.). Jean-Jacques Rousseau et sa philosophie.

Joussain (A.). Esquisse d'une philosophie de la nature.

Le Roy (E.). Une philosophie nouvelle : H. Bergson. 3e éd.

Martin (E.). Psychologie de la volonté.

Palante (G.). Pessimisme et individualisme.

Paulhan (Fr.). L'esthétique du paysage.

Ribot (Th.). La vie inconsciente et les mouvements.

Schopenhauer. Sur les apparitions, et opuscules divers.

Segond (J.). L'intuition bergsonienne.

Seillière (E.). Mysticisme et domination. Essai de critique impérialiste.

Wilbois (G.). Les nouvelles méthodes d'éducation : l'éducation de la volonté et du cœur.

Alaux. La philosophie de Victor Cousin.

Allier (R.). Philosophie d'Ernest Renan. 3e éd.

Arréat (L.). La morale dans le drame. 3e édit. — Mémoire et imagination. 2e édit. — Les croyances de demain. — Dix ans de philosophie (1890-1900). — Le sentiment religieux en France. — Art et psychologie individuelle.

Aslan (G.). Expérience et invention en morale.

Avebury (J. Lubbock). Paix et bonheur.

Baldwin (J. M.). Le Darwinisme dans les sciences morales.

Ballet (G.). Langage intérieur et aphasie. 2e éd.

Bayet (A.). La morale scientifique. 2e édit.

Beaussire. Les antécédents de l'hégélianisme.

Bergson. Le rire. 12e édit.

Binet. Psychologie du raisonnement. 5e éd.

Blondel (Hervé). Les approximations de la vérité.

Bohn (G.). La nouvelle psychologie animale.

Bos (C.). Psychologie de la croyance. 2e éd. — Pessimisme, féminisme, moralisme.

Boucher (M.). Essai sur l'hyperespace. 2e éd.

Bouglé (C.). Les sciences sociales en Allemagne. — Qu'est-ce que la sociologie? 2e éd.

Bourdeau (J.). Les maîtres de la pensée. 6e éd — Socialistes et sociologues. 2e édit. — Pragmatisme et modernisme.

Boutroux (E.). De la contingence des lois de la nature. 7e éd.

Brunschvicg. Introduction à la vie de l'esprit. 3e éd. — L'idéalisme contemporain.

Coignet (C.) Le protestantisme français au XIXe siècle.

Compayré (G.). L'adolescence. 2e édit.

Coste. Dieu et l'âme. 2ᵉ édit.

Cramaussel (Em.). Le premier éveil intellectuel de l'enfant. 2ᵉ édit.

Cresson (A.). Les bases de la philosophie naturaliste. — Le malaise de la pensée philosophique. — La morale de Kant. 2ᵉ éd.

Danville (G.). Psychologie de l'amour. 6ᵉ édit.

Dauriac (L.). La psychologie dans l'opéra français.

Delvolvé (J.). L'organisation de la conscience morale. — Rationalisme et tradition. 2ᵉ édit.

Dromard (G.). Les mensonges de la vie intérieure.

Dugas (L.). Psittacisme et pensée symbolique. — La timidité. 6ᵉ édit. — Psychologie du rire. 2ᵉ édit. — L'absolu.

Dugas et Moutier. La dépersonnalisation.

Duguit (L.). Le droit social, le droit individuel et la transformation de l'Etat. 2ᵉ éd.

Dumas (G.). Le sourire.

Dunan. Théorie psychologique de l'espace. — Les deux idéalismes.

Duprat. Les causes sociales de la folie. — Le mensonge. 2ᵉ édit.

Durkheim (E.). Les règles de la méthode sociologique. 6ᵉ éd.

Eichthal (E. d'). Correspondance de S. Mill et G. d'Eichthal. — Pages sociales.

Emerson. Essais choisis.

Encausse (Papus). Occultisme et spiritualisme. 3ᵉ éd.

Espinas (A.). La philosophie expérimentale en Italie.

Eucken (R.). Le sens et la valeur de la vie.

Faivre (E.). De la variabilité des espèces.

Féré (Ch.). Sensation et mouvement. 2ᵉ édit. — Dégénérescence et criminalité. 4ᵉ éd.

Ferri (E.). Les criminels dans l'art. 4ᵉ éd.

Fierens-Gevaert. Essai sur l'art contemporain. 2ᵉ éd. — La tristesse contemporaine. 5ᵉ éd. — Psychologie d'une ville. Bruges. 3ᵉ éd. — Nouveaux essais sur l'art contemporain.

Fleury (M. de). L'âme du criminel. 3ᵉ éd.

Fonsegrive. La causalité efficiente.

Fouillée (A.). La propriété sociale et la démocratie. 4ᵉ édit.

Fournière (E.). Essai sur l'individualisme. 2ᵉ édit.

Geley (G.). L'être subconscient. 3ᵉ édit.

Girod (J.). Démocratie, patrie et humanité.

Goblot (E.). Justice et liberté. 2ᵉ édit.

Godfernaux (A.). Le sentiment et la pensée. 2ᵉ édit.

Grasset (J.). Les limites de la biologie. 6ᵉ édit.

Greef (G. de). Les lois sociologiques. 4ᵉ édit.

Guyau. La genèse de l'idée de temps. 2ᵉ éd.

Hartmann (E. de). La religion de l'avenir. 7ᵉ édition. — Le darwinisme. 9ᵉ édition.

Herckenrath (C. R. C.). Problèmes d'esthétique et de morale.

Jaëll (Marie). L'intelligence et le rythme dans les mouvements artistiques.

James (W.). La théorie de l'émotion. 4ᵉ édit.

Janet (Paul). La philosophie de Lamennais.

Jankelevitch. Nature et société.

Joussain (A.). Le fondement psychologique de la morale.

Kostyleff (N.). La crise de la psychologie expérimentale.

Lachelier (J.). Du fondement de l'induction. 6ᵉ éd. — Etudes sur le syllogisme.

Laby (J.-M.). La morale de Jésus.

Laisant (C.). L'éducation fondée sur la science. 3ᵉ éd.

Lampérière (Mᵐᵉ). Le rôle social de la femme.

Landry (A.). La responsabilité pénale.

Lange. Les émotions. 4ᵉ édit.

Lapie. La justice par l'Etat.

Laugel. L'optique et les arts.

Le Bon (Gustave). Lois psychologiques de l'évolution des peuples. 11ᵉ éd. — Psychologie des foules. 18ᵉ éd.

Le Dantec (F.). Le déterminisme biologique. 3ᵉ éd. — L'individualité et l'erreur individualiste. 3ᵉ édit. — Lamarckiens et darwiniens. 4ᵉ éd. — Le chaos et l'harmonie universelle.

Lefèvre (G.). Obligation morale et idéalisme.

Liard. Les logiciens anglais contemporains. 5ᵉ éd. — Les définitions géométriques. 3ᵉ édit.

Lichtenberger (E.). Le Faust de Gœthe.

Lichtenberger (H.) La philosophie de Nietzsche. 13ᵉ éd. — Aphorismes de Nietzsche. 5ᵉ éd.

Lodge (O.). La vie et la matière. 2ᵉ édit.

Lubbock (J.) (LORD AVEBURY). Le bonheur de vivre. 2 vol. 12ᵉ éd. — L'emploi de la vie. 8ᵉ édit.

Lyon (G.). La philosophie de Hobbes.

Marguery (E.). L'œuvre d'art et l'évolution. 2ᵉ édit.

Mauxion. L'éducation par l'instruction. 2ᵉ éd. — Nature et éléments de la moralité.

Mendousse (P.). Du dressage à l'éducation.

Milhaud (G.). Le rationnel. — Les conditions et les limites de la certitude logique. 3ᵉ édit.

Mosso. La peur. 4ᵉ éd. — La fatigue intellectuelle et physique. 6ᵉ éd.

Murisier (E.). Les maladies du sentiment religieux. 3ᵉ éd.

Nordau (Max). Paradoxes psychologiques. 7ᵉ éd. — Paradoxes sociologiques. 6ᵉ édit. — Psychophysiologie du génie. 5ᵉ éd.

Novicow. L'avenir de la race blanche. 2ᵉ édit.

Ossip-Lourié. Pensées de Tolstoï. 3ᵉ édit. — Philosophie de Tolstoï. 2ᵉ édit. — La philosophie sociale dans le théâtre d'Ibsen. 2ᵉ édit. — Nouvelles pensées de Tolstoï. — Le bonheur et l'intelligence. — Croyance religieuse et croyance intellectuelle.

Ostwald (W.). Esquisse d'une philosophie des sciences.

Palante (G.). Précis de sociologie. 5ᵉ édit. — La sensibilité individualiste.

Parisot et Martin. Les postulats de la pédagogie.

Parodi (D.). Le problème moral et la pensée contemporaine.

Paterson (W. R. Swift). L'éternel conflit.

Paulhan. Les phénomènes affectifs. 3ᵉ édit. — Psychologie de l'invention. 2ᵉ édit. — Analystes et esprits synthétiques. — La fonction de la mémoire. — La morale de l'ironie. 2ᵉ éd. — La logique de la contradiction.

Péladan. La philosophie de Léonard de Vinci.

Philippe (J.). L'image mentale.

Philippe (J.) et Paul-Boncour (G.). Les anomalies mentales chez les écoliers. 3ᵉ édit. — L'éducation des anormaux.

Pillon (F.). La philosophie de Charles Secrétan.

Pioger. Le monde physique.

Proal (L.). L'éducation et le suicide des enfants.

Queyrat. L'imagination chez l'enfant. 4ᵉ édit. — L'abstraction. 2ᵉ édit. — Les caractères et l'éducation morale. 4ᵉ éd. — La logique chez l'enfant. 4ᵉ éd. — Les jeux des enfants. 3ᵉ édit. — La curiosité.

Rageot (G.). Les savants et la philosophie.

Regnaud (P.). Précis de logique évolutionniste. — Comment naissent les mythes.

Renard (G.). Le régime socialiste. 6ᵉ édit.

Réville (A.). Histoire du dogme de la divinité de Jésus-Christ. 4ᵉ éd.

Rey (A.). L'énergétique et le mécanisme.

Ribot (Th.). La philosophie de Schopenhauer. 13ᵉ éd. — Les maladies de la mémoire. 23ᵉ éd. — Les maladies de la volonté. 27ᵉ éd. — Les maladies de la personnalité. 15ᵉ édit. — La psychologie de l'attention. 12ᵉ éd. — Problèmes de psychologie affective.

Richard (G.). Socialisme et science sociale. 3ᵉ éd.

Richet (Ch.). Psychologie générale. 8ᵉ éd.

Roberty (de). L'agnosticisme. 2ᵉ édit. — La recherche de l'unité. — Psychisme social. — Fondements de l'éthique. — Constitution de l'éthique. — Frédéric Nietzsche. — Concepts de la raison et lois de l'univers.

Roehrich (E.). L'attention spontanée et volontaire.

Rogues de Fursac (J.). Un mouvement mystique contemporain. — L'avarice.

Roisel. De la substance. — L'idée spiritualiste. 2ᵉ édit.

Roussel-Despierres. L'idéal esthétique.

Rzewuski. L'optimisme de Schopenhauer.

Schopenhauer. Le libre arbitre. 12ᵉ édition. — Le fondement de la morale. 11ᵉ éd. — Pensées et fragments. 26ᵉ édition. — Ecrivains et style. 2ᵉ édit. — Sur la religion. 2ᵉ édit. — Philosophie et philosophes. — Ethique, droit et politique. — Métaphysique et esthétique. — Philosophie et science de la nature. — Fragments sur l'histoire de la philosophie. — Essai sur les apparitions, et opuscules divers.

Segond (J.). Cournot.

Seillière. Introduction à la philosophie de l'impérialisme.

Simiand (F.). Méthode positive en science économique.

Sollier (P.). Les phénomènes d'autoscopie. — Morale et moralité.

Souriau (P.). La rêverie esthétique.

Spencer (Herbert). Classification des sciences. 9ᵉ édit. — L'individu contre l'Etat. 8ᵉ éd. — L'association en psychologie.

Stuart Mill. Correspondance avec G. d'Eichthal. — Auguste Comte et la philosophie positive. 8ᵉ éd. — L'utilitarisme. 7ᵉ édition.

Sully Prudhomme. Psychologie du libre arbitre. 2ᵉ éd.

Sully Prudhomme et Richet (Ch.). Le problème des causes finales. 4ᵉ éd.

Tanon. L'évolution du droit et la conscience sociale. 3ᵉ éd.

Tarde. La criminalité comparée. 7ᵉ éd. — Les transformations du droit. 7ᵉ éd. — Les lois sociales. 7ᵉ édit.

Taussat (J.). Le monisme et l'animisme.

Thamin. Éducation et positivisme. 3ᵉ éd.

Thomas (P.-F.). La suggestion, son rôle. 5ᵉ édit. — Morale et éducation. 3ᵉ éd.

Winter (M.). La méthode dans la philosophie des mathématiques.

Wundt. Hypnotisme et suggestion. 4ᵉ édit.

Ziegler (Th.). La question sociale. 4ᵉ éd.

VOLUMES IN-8. — Brochés, à 3 fr. 75, 5 fr. 7 fr. 50, 10 fr. et 12 fr. 50

Derniers volumes publiés :

Année sociologique (L'). Tome XII (1909-1912), 15 fr.

Bechterew (W.). La psychologie objective, 7 fr. 50.

Berthelot (R.). Un romantisme utilitaire. 2 v. à 7.50.

Brochard (V.). Études de philosophie ancienne et moderne, 10 fr.

Brunschvicg (L.). Les étapes de la philosophie mathématique, 10 fr.

Cartault (A.), Les sentiments généreux, 5 fr.

Cellérier et Dugas. L'année pédagogique, 1ʳᵉ année, 7 fr. 50; 2ᵉ année, 7 fr. 50.

Dupréel (E.). Le rapport social, 5 fr.

Durkheim (E.). Les formes élémentaires de la vie religieuse, 10 fr.

Fouillée (A.). Esquisse d'une interprétation du monde, 3 fr. 75.

Gilson (Et.). La liberté chez Descartes et la théologie, 7 fr. 50.

Guyau (A.). La philosophie et la sociologie d'A. Fouillée, 3 fr. 75.

Halbwachs (M.). La classe ouvrière et les niveaux de vie, 7 fr. 50.

James (W.). L'idée de vérité, 5 fr.

Le Dantec (F.). Contre la métaphysique, 3 fr. 75.

Leuba (J. H.). La psychologie des phénomènes religieux, 7 fr. 50.

Lodge (O.). La survivance humaine, 5 fr.

Luquet (G. H.). Les dessins d'un enfant, 7 fr. 50.

Mamelet (A.). Le relativisme philosophique chez Georg Simmel, 3 fr. 75.

Marceron (A.). La morale par l'Etat, 5 fr.

Ossip-Lourié. Le langage et la verbomanie, 5 fr.

Palante. Les antinomies entre l'individu et la société, 5 fr.

Paulhan (Fr.). Esprits logiques et esprits faux. 2ᵉ éd. 7 fr. 50. — L'activité mentale. 2ᵉ éd., 10 fr.

Philosophie allemande. — La philosophie allemande au xixᵉ siècle, 5 fr.

Pillon (F.). L'année philosophique, 23ᵉ année, 1912, 5 fr.

Rignano (E.). Essais de synthèse scientifique, 5 fr.

Roussel - Despierres (F.). Hiérarchie des principes et des problèmes sociaux, 5 fr.

Simmel (G.). Mélanges de philosophie relativiste, 5 fr.

Tardieu (E.). L'ennui, 2ᵉ éd., revue.

Terraillon (E.). L'honneur, 5 fr.

Wilbois (J.). Devoir et durée, 7 fr. 50.

Adam (Ch.). La philosophie en France (première moitié du xixᵉ siècle), 7 fr. 50.

Arréat. Psychologie du peintre, 5 fr.

Aubry (Dʳ L.). La contagion du meurtre, 5 fr.

Bain (Al.). La logique inductive et déductive. 5ᵉ édit. 2 vol., 20 fr.

Baldwin (J. M.). Le développement mental chez l'enfant et dans la race, 7 fr. 50.

Bardoux (J.). Psychologie de l'Angleterre contemporaine (*les crises belliqueuses*), 7 fr. 50. — Psychologie de l'Angleterre contemporaine (*les crises politiques*), 5 fr.

Barthélemy Saint-Hilaire. La philosophie dans ses rapports avec les sciences et la religion, 5 fr.

Barzelotti. La philosophie de H. Taine, 7 fr. 50

Basch (V.). La poétique de Schiller. 2ᵉ éd., 7 fr. 50.

Bayet (A.). L'idée de bien, 3 fr. 75.

Bazaillas. Musique et inconscience, 5 fr. — La vie personnelle, 5 fr.

Belot (G.). Études de morale positive, 7 fr. 50.

Bergson (H.). Essai sur les données immédiates de la conscience. 12ᵉ édit., 3 fr. 75. — Matière et mémoire. 9ᵉ édit., 5 fr. — L'évolution créatrice. 15ᵉ éd., 7 fr. 50.

Berr (H.). La synthèse en histoire, 5 fr.

Berthelot (R.). Evolutionnisme et platonisme. 5 fr.

Bertrand (A.). L'enseignement intégral, 5 fr. — Les études dans la démocratie, 5 fr.

Binet (A.). Les révélations de l'écriture, 5 fr.

Bloch (G.). La philosophie de Newton, 10 fr.

Boex-Borel (J.-H.) (*J.-H. Rosny aîné.*) Le pluralisme, 5 fr.

Boirac (E.). L'idée du phénomène, 5 fr. — La psychologie inconnue. 2ᵉ éd, 5 fr.

Bouglé. Les idées égalitaires. 2ᵉ éd., 3 fr. 75. — Essais sur le régime des castes, 5 fr.

Bourdeau (L.). Le problème de la mort. 4ᵉ éd., 5 fr. — Le problème de la vie, 7 fr. 50.

Bourdon. L'expression des émotions, 7 fr. 50.

Boutroux (Em.). Études d'histoire de la philosophie, 2ᵉ éd., 7 fr. 50.

Braunschvig. Le sentiment du beau et le sentiment poétique, 7 fr. 50.

Bray (L.). Du beau, 5 fr.

Brochard. De l'erreur. 2ᵉ éd., 5 fr.

Brugeilles (E.). Le droit et la sociologie, 3 fr. 75.

Brunschvicg (L.). Spinoza. 2ᵉ édit., 3 fr. 75. — La modalité du jugement, 5 fr.

Carrau (L.). Philosophie religieuse en Angleterre, 5 fr.

Cellérier (L.). Esquisse d'une science pédagogique, 7 fr. 50.

Chabot (Ch.). Nature et moralité, 5 fr.

Chide (A.). Le mobilisme moderne, 5 fr.

Clay. L'alternative. 2ᵉ éd., 10 fr.

Collins. Résumé de la philosophie de H. Spencer. 5ᵉ éd., 10 fr.

Cosentini. La sociologie génétique, 3 fr. 75.

Coste (A.). Principes d'une sociologie objective, 3 fr. 75. — L'expérience des peuples, 10 fr.

Couturat (O.). Les principes des mathématiques, 5 fr.

Crépieux-Jamin. L'écriture et le caractère. 6° éd., 7 fr. 50.

Cresson (A.). Morale de la raison théorique, 5 fr.

Croce (B.). Philosophie de la pratique, 7 fr. 50.

Cyon (E. de). Dieu et science. 2° édit., 7 fr. 50.

Darbon (A.). L'explication mécanique et le nominalisme, 3 fr. 75.

Dauriac. Essai sur l'esprit musical, 5 fr.

David (A.). Le modernisme bouddhiste, 5 fr.

Delacroix (H.). Etudes d'histoire et de psychologie du mysticisme, 10 fr.

Delbos. La philosophie pratique de Kant, 12 fr. 50.

Delvaille (J.). La vie sociale et l'éducation, 3 fr. 75.

Delvolvé (J.). Religion, critique et philosophie positive chez Bayle, 7 fr. 50.

Draghicesco. L'individu dans le déterminisme social, 7 fr. 50. — Le problème de la conscience, 3 fr. 75.

Dromard (G.). Essai sur la sincérité, 5 fr.

Dubois (J.). Le problème pédagogique, 7 fr. 50.

Dugas (L.). Le problème de l'éducation. 2° éd. 5 fr. — L'éducation du caractère, 5 fr.

Dumas (G.). Saint-Simon et Auguste Comte, 5 fr.

Duprat (G.-L.). L'instabilité mentale, 5 fr.

Dupré et Nathan. Le langage musical, 3 fr. 75

Duproix. Kant et Fichte. 2° éd. 5 fr.

Durand (DE GROS). Taxinomie générale, 5 fr. — Esthétique et morale, 5 fr. — Variétés philosophiques. 2° éd, 5 fr.

Durkheim (E.). De la division du travail social, 3° éd. 7 fr. 50. — Le suicide. 2° édit., 7 fr. 50. — L'année sociologique : 1re à 4e années (3e et 5e épuisées). Chacune, 10 fr. 6e à 10e (7e épuisée). Chacune, 12 fr. 50. Tome XI, 1906-1909, 15 fr.

Egger (V.). La parole intérieure. 2° éd., 5 fr.

Dwelshauvers. La synthèse mentale, 5 fr.

Ebbinghaus (H.). Précis de psychologie, 2° édit., 5 fr.

Espinas (A.). La philosophie sociale au XVIII° siècle et la Révolution, 7 fr. 50.

Enriques. Les problèmes de la science et la logique, 3 fr. 75.

Eucken (R.). Les grands courants de la pensée contemporaine, 10 fr.

Evellin (F.). La raison pure et les antinomies, 5 fr.

Ferrero (G.). Les lois psychologique du symbolisme, 5 fr.

Ferri (Enrico). La sociologie criminelle, 10 fr.

Ferri (Louis). La psychologie de l'association, 7 fr. 50.

Finot (J.). Le préjugé des races, 3° éd. 7 fr. 50. — Philosophie de la longévité, 12° éd. 5 fr. — Préjugé et problème des sexes. 5° édit., 5 fr.

Fonsegrive. Le libre arbitre. 2° éd. 10 fr.

Foucault (M.). La psychophysique, 7 fr. 50. — Le rêve, 5 fr.

Fouillée (Alf.). La pensée et les nouvelles écoles anti-intellectualistes. 2° édit., 7 fr. 50. — Liberté et déterminisme. 8° éd., 7 fr. 50. — Critique des systèmes de morale contemporains. 7° éd., 7 fr. 50. — La morale, l'art et la religion, d'après Guyau. 8° éd., 3 fr. 75. — L'avenir de la métaphysique. 2° éd., 5 fr. — Evolutionnisme des idées-forces. 5° éd., 7 f. 50. — La psychologie des idées-forces. 2° édit. 2 vol., 15 fr. — Tempérament et caractère. 3° éd., 7 fr. 50. — Le mouvement idéaliste. 3° éd., 7 fr. 50. — Le mouvement positiviste. 2° éd., 7 fr. 50. — Psychologie du peuple français. 3° éd., 7 fr. 50. — La France au point de vue moral. 5° éd., 7 fr. 50. — Esquisse psychologique des peuples européens. 4° édit., 10 fr. — Nietzsche et l'immoralisme. 2° éd., 5 fr. — Le moralisme de Kant et l'amoralisme contemporain. 2° éd., 7 fr. 50. — Eléments sociologiques de la morale. 2° éd., 7 fr. 50. — La morale des idées-forces, 7 fr. 50. — Le socialisme et la sociologie réformiste, 7 fr. 50. — La démocratie politique et sociale en France, 3 f. 75.

Fournière (E.). Théories socialistes au XIX° siècle, 7 fr. 50.

Fulliquet (G.). L'obligation morale. 7 fr. 50.

Garofalo. La criminologie. 5ᵉ édit., 7 fr. 50. — La superstition socialiste, 5 fr.

Gérard-Varet (L.). L'ignorance et l'irréflexion, 5 fr.

Gley (E.). Études de psychophysiologie, 5 fr.

Gory (G.). L'immanence de la raison dans la connaissance sensible, 5 fr.

Gourd (J. J.). Philosophie de la religion, 5 fr.

Grasset (J.). Demifous et demiresponsables. 5 fr. — Introduction physiologique à l'étude de la philosophie. 2ᵉ éd., 5 fr.

Greef (G. de). Le transformisme social. 2ᵉ éd., 7 fr. 50. — La sociologie économique, 3 fr. 75.

Groos (K.). Les jeux des animaux, 7 fr. 50.

Gurney, Myers et Podmore. Les hallucinations télépathiques, 5ᵉ éd., 7 fr. 50.

Guyau. La morale anglaise contemporaine. 6ᵉ éd., 7 fr. 50. — Les problèmes de l'esthétique contemporaine. 8ᵉ éd., 5 fr. — Esquisse d'une morale sans obligation ni sanction. 9ᵉ éd., 5 fr. — L'irréligion de l'avenir. 16ᵉ éd., 7 fr. 50. — L'art au point de vue sociologique, 9ᵉ éd., 7 fr. 50. — Éducation et hérédité. 12ᵉ éd., 5 fr.

Halévy (E.) La formation du radicalisme philosophique. I. *La jeunesse de Bentham*. 7 fr. 50. II. *Evolution de la doctrine utilitaire*, 1789-1815. 7 fr. 50. III. *Le radicalisme philosophique*. 7 fr. 50

Hamelin (O.). Le système de Descartes, 7 fr. 50.

Hannequin. L'hypothèse des atomes. 2ᵉ éd., 7 fr. 50. — Etudes d'histoire des sciences et d'histoire de la philosophie. 2 vol., 15 fr.

Hartenberg (P.). Les timides et la timidité. 3ᵉ éd., 5 fr. — Physionomie et caractère. 2ᵉ éd. 5 fr.

Hébert. Evolution de la foi catholique, 5 fr. — Le divin, 5 fr.

Hémon (O.). Philosophie de Sully Prudhomme, 7 fr. 50.

Hermant et Van de Waele. Les principales théories de la logique contemporaine, 5 fr.

Hirth (G.). Physiologie de l'art, 5 fr.

Höffding (H.). La pensée humaine, 7 fr. 50. — Esquisse d'une psychologie fondée sur l'expérience. 4ᵉ édit., 7 fr. 50. — Histoire de la philosophie moderne. 2ᵉ édition. 2 vol., 20 fr. — Philosophie de la religion, 7 fr. 50. — Philosophes contemporains. 2ᵉ édit., 3 fr. 75.

Hubert et Mauss. Mélanges d'histoire des religions, 5 fr.

Ioteyko et Stefanowska. Psycho-physiologie de la douleur, 5 fr.

Isambert. Les idées socialistes en France (1815-1848), 7 fr. 50.

Izoulet. La cité moderne. 7ᵉ édit., 10 fr.

Jacoby. La sélection chez l'homme. 2ᵉ éd., 10 fr.

Janet (Paul). OEuvres philosophiques de Leibniz. 2ᵉ édition, 2 volumes, 20 fr. — Histoire de la science politique dans ses rapports avec la morale. 4ᵉ éd. 2 vol., 20 fr.

Janet (Pierre). L'automatisme psychologique. 7ᵉ éd., 7 fr. 50.

Jastrow (J.). La subconscience, 7 fr. 50.

Jaurès (J.). Réalité du monde sensible. 2ᵉ édit, 7 fr. 50..

Jeudon (L.). La morale de l'honneur, 5 fr.

Karppe. Études d'histoire de la philosophie, 3 fr. 75.

Keim (A.). Helvétius, 10 fr.

Lacombe (A.). Individus et sociétés selon Taine, 7 fr. 50.

La Grasserie (R. de). De la psychologie des religions, 5 fr.

Lalande (A.). La dissolution opposée à l'évolution, 7 fr. 50.

Lalo (Ch.). Esthétique musicale scientifique, 5 fr. — L'esthétique expérimentale contemporaine, 3 f. 75 — Les sentiments esthétiques, 5 fr.

Landry (A.). Principes de morale rationnelle, 5 fr.

Lanessan (J.-L. de). La morale naturelle, 10 fr. — La morale des religions, 10 fr.

Lapie (P.). Logique de la volonté, 7 fr. 50.

Lauvrière. Edgar Poë. 10 fr.

Laveleye (E. de). De la propriété et de ses formes primitives. 5ᵉ édit., 10 fr.

Leblond (M.-A.). L'idéal du XIXᵉ siècle. 5 fr.

Le Bon (Gustave). Psychologie du socialisme. 7ᵉ éd., 7 fr. 50.

Lechalas (G.). Études esthétiques, 5 fr. — Étude sur l'espace et le temps. 2ᵉ édition., 5 fr.

Lechartier. David Hume, moraliste et sociologue, 5 fr.

Leclère. Le droit d'affirmer, 5 fr.

Le Dantec (F.). L'unité dans l'être vivant, 7 fr. 50. — Limites du connaissable, 3e édit., 3 fr. 75.

Léon (Xavier). La philosophie de Fichte, 10 fr.

Leroy (E.-B.). Le langage, 5 fr.

Lévy (A.). La philosophie de Feuerbach, 10 fr.

Lévy-Brühl (L.). La philosophie de Jacobi, 5 fr. — Lettres de Stuart Mill à Comte. 10 fr. — La philosophie d'Aug. Comte. 3e éd., 7 fr. 50. — La morale et la science des mœurs. 5e éd., 5 fr. — Les fonctions mentales dans les sociétés inférieures. 2e éd., 7 fr. 50.

Liard. Science positive et métaphysique. 4e édit., 7 fr. 50. — Descartes. 3e édit., 5 fr.

Lichtenberger (H.). Richard Wagner, poète et penseur. 5e édit., 10 fr. — Henri Heine penseur, 3 fr. 75.

Lombroso. La femme criminelle et la prostituée (avec pl.), 15 fr. — Le crime politique et les révolutions. 2 vol., 15 fr. — L'homme criminel. 3e édit. 2 vol., avec atlas, 36 fr. — Le crime. 2e éd., 10 fr. — L'homme de génie (avec pl). 4e éd., 10 fr.

Lubac (E.). Système de psychologie rationnelle, 3 fr. 75.

Luquet (G.). Idées générales de psychologie, 5 fr.

Lyon (G.). L'idéalisme en Angleterre au xviiie siècle, 7 fr. 50. — Enseignement et religion, 3 fr. 75.

Malapert (P.). Les éléments du caractère. 2e éd., 5 fr.

Marion. La solidarité morale. 6e édit., 5 fr.

Martin (Fr.). La perception extérieure et la science positive, 5 fr.

Matagrin (A.). La psychologie sociale de Gabriel Tarde, 5 fr.

Maxwell (J.). Les phénomènes psychiques. 4e éd., 5 fr.

Ménard (A.). Psychologie de W. James, 7 fr. 50.

Mendousse (P.). L'âme de l'adolescent. 2e édit., 5 fr.

Meyerson (E.). Identité et réalité. 2e édit., 7 fr. 50

Morton Prince. La dissociation d'une personnalité, 10 fr.

Muller (Max). Nouvelles études de mythologie, 12 fr. 50.

Myers. La personnalité humaine. 3e éd., 7 fr. 50.

Naville (E.). La définition de la philosophie, 5 fr. — Les philosophies négatives, 5 fr. — Le libre arbitre. 2e édition, 5 fr. — Les philosophies affirmatives, 7 fr. 50.

Nordau (Max). Dégénérescence. 2 vol. 7e éd., 17 fr. 50. — Les mensonges conventionnels de notre civilisation. 10e éd., 5 fr. — Vus du dehors, 5 fr. — Le sens de l'histoire, 7 fr. 50.

Novicow. La morale et l'intérêt, 5 fr. — Luttes entre sociétés humaines. 2e éd., 10 fr. — Justice et expansion de la vie, 7 fr. 50. — La critique du darwinisme social, 7 fr. 50.

Oldenberg (H.). Le Bouddha. 2e éd., 7 fr. 50. — La religion du Véda, 10 fr.

Ossip-Lourié. La philosophie russe contemporaine, 5 fr. — Psychologie des romanciers russes au xixe siècle, 7 fr. 50.

Ouvré. Formes littéraires de la pensée grecque, 10 fr.

Palante (G.). Combat pour l'individu, 3 fr. 75.

Paulhan (Fr.). Les caractères. 4e édit., 5 fr. — Les mensonges du caractère, 5 fr. — Le mensonge de l'art, 5 fr.

Payot. L'éducation de la volonté. 36e éd., 5 fr. — La croyance. 3e éd., 5 fr.

Pérès (J.). L'art et le réel, 3 fr. 75.

Perez (Bernard). Les trois premières années de l'enfant. 7e éd., 5 fr. — L'enfant de 3 à 7 ans. 4e éd., 5 fr. — L'éducation morale dès le berceau. 4e éd., 5 fr. — L'éducation intellectuelle dès le berceau. 2e éd., 5 fr.

Piat (C.). La personne humaine. 2e éd., 7 fr. 50. — Destinée de l'homme. 2e édit., 5 fr. — La morale du bonheur. 5 fr.

Picavet. Les idéologues, 10 fr.

Piderit. La mimique et la physiognomonie, 5 fr.

Pillon. L'année philosophique, 22 vol. (4e et 5e épuisées), chacune, 5 fr.

Pioger (J.). La vie et la pensée, 5 fr. — La vie sociale, la morale et le progrès, 5 fr.

Prat (L.) Le caractère empirique et la personne, 7 fr. 50.

Preyer. Éléments de physiologie, 5 fr.

Proal (L.). Le crime et la peine. 4ᵉ éd., 10 fr. — La criminalité politique. 2ᵉ éd., 5 fr. — Le crime et le suicide passionnels, 10 fr.

Rageot (G.). Le succès, 3 fr. 75.

Rauh (F.). Études de morale, 10 fr. — De la méthode dans la psychologie des sentiments. 2ᵉ éd., 5 fr. — L'expérience morale, 3 fr. 75.

Récéjac. La connaissance mystique, 5 fr.

Rémond et Voivenel. Le génie littéraire, 5 fr.

Renard (G.). La méthode scientifique de l'histoire littéraire, 10 fr.

Renouvier. Les dilemnes de la métaphysique pure, 5 fr. — Histoire et solution des problèmes métaphysiques, 7 fr. 50. — Le personnalisme, 10 fr. — Critique de la doctrine de Kant, 7 fr. 50. — Science de la morale. Nouv. édit. 2 vol., 15 fr.

Revault d'Allonnes (G.). Psychologie d'une religion, 5 fr. — Les inclinations, 3 fr. 75.

Rey (A.). La théorie de la physique chez les physiciens contemporains. 7 fr. 50.

Ribéry. Classification des caractères, 3 fr. 75.

Ribot (Th.). L'hérédité psychologique. 9ᵉ éd., 7 fr. 50. — La psychologie anglaise contemporaine. 3ᵉ éd., 7 fr. 50. — La psychologie allemande contemporaine. 7ᵉ éd.; 7 fr. 50. — La psychologie des sentiments. 8ᵉ éd., 7 fr. 50. — L'évolution des idées générales. 3ᵉ éd., 5 fr. — L'imagination créatrice. 3ᵉ éd., 5 fr. — Logique des sentiments. 4ᵉ éd., 3 fr. 75. — Essai sur les passions. 3ᵉ éd., 3 fr. 75.

Ricardou. De l'idéal, 5 fr.

Richard (G.). L'idée d'évolution dans la nature et dans l'histoire, 7 fr. 50.

Riemann (H.). Eléments de l'esthétique musicale, 5 fr.

Rignano (E.). Transmissibilité des caractères acquis, 5 fr.

Rivaud (A.). Les notions d'essence et d'existence chez Spinoza, 3 fr. 75.

Roberty (E. de). Ancienne et nouvelle philosophie, 7 fr. 50. — La philosophie du siècle, 5 fr. — Nouveau programme de sociologie, 5 fr. — Sociologie de l'action, 3 fr. 75.

Rodrigues (G.). Le problème de l'action, 3 fr. 75.

Roehrich (Ed.). Philosophie de l'éducation, 5 fr.

Romanes. L'évolution mentale chez l'homme, 7 fr. 50.

Roussel - Despierres (F.). Liberté et beauté, 7 fr. 50.

Russell. La philosophie de Leibniz, 3 fr. 75.

Ruyssen. Évolution psychologique du jugement, 5 fr.

Sabatier (A.). Philosophie de l'effort. 2ᵉ éd. 7 fr. 50.

Saigey (Émile). La physique de Voltaire, 5 fr.

Saint-Paul (G.). Le langage intérieur, 5 fr.

Sanz y Escartin (E.). L'individu et la réforme sociale, 7 fr. 50.

Schiller (F.). Etudes sur l'humanisme, 10 fr.

Schinz (A.). Anti-pragmatisme, 5 fr.

Schopenhauer. Aphorismes sur la sagesse dans a vie. 9ᵉ éd., 5 fr. — Le monde comme volonté et représentation. 6ᵉ éd. 3 vol., chacun, 7 fr. 50.

Séailles. Essai sur le génie dans l'art. 4ᵉ éd., 5 fr. — Philosophie de Renouvier, 7 fr. 50.

Segond (J.). La prière, 7 fr. 50.

Sighele. La foule criminelle. 2ᵉ édit.,5 fr.

Sollier. Psychologie de l'idiot et de l'imbécile. 2ᵉ éd., 5 fr. — Le problème de la mémoire. 3 fr. 75. — Le mécanisme des émotions, 5 fr. — Le doute, 7 fr. 50.

Souriau. L'esthétique du mouvement, 5 fr. — La beauté rationnelle, 10 fr. — La suggestion dans l'art. 2ᵉ édit, 5 fr.

Spencer (H.). Les premiers principes. 11ᵉ éd., 10 fr. — Principes de psychologie. 2 vol. 20 fr. — Principes de biologie. 6ᵉ éd. 2 vol. 20 fr. — Principes de sociologie. 5 vol., 43 fr. 75.

> I. *Données de la sociologie*, 10 fr. — II. *Inductions de la sociologie. Relations domestiques*, 7 fr. 50. — III. *Institutions cérémonielles et politiques*, 15 fr. — IV. *Institutions ecclésiastiques*, 3 fr. 75. — V. *Institutions professionnelles*, 7 fr. 50.

— Justice. 3ᵉ éd., 7 fr. 50. — Rôle moral de la bienfaisance, 7 fr. 50. — Morale des différents peuples, 7.50. — Problèmes de morale et de sociologie. 2ᵉ éd., 7 fr. 50. — Essais sur le progrès. 5ᵉ éd.. 7 fr. 50. — Essais de politique. 4ᵉ éd., 7 fr. 50. — Essais scientifiques. 4ᵉ éd., 7 fr. 50. — De l'éducation. 13ᵉ édit., 5 fr. — Une autobiographie, 10 fr.

Stapfer (P.) Questions esthétiques et religieuses, 3 fr. 75.

Stein. La question sociale au point de vue philosophique, 10 fr.

Stuart Mill. Mes mémoires. 5ᵉ éd., 5 fr. — Système de logique. 2 vol., 20 fr. — Essais sur la religion. 4ᵉ édit., 5 fr. — Lettres à Auguste Comte.

Sully (J.). Le pessimisme. 2ᵉ éd. 7 fr. 50. — Essai sur le rire, 7 fr. 50.

Sully Prudhomme. La vraie religion selon Pascal, 7 fr. 50. — Le lien social, 3 fr. 75.

Tarde (G.). La logique sociale. 4ᵉ édit., 7 fr. 50. — Les lois de l'imi-tation. 6ᵉ éd., 7 fr. 50. — L'opinion et la foule. 3ᵉ édit., 5 fr.

Tassy (E.). Le travail d'idéa-tion, 5 fr.

Thomas (P.-Félix). L'éduca-tion des sentiments. 5ᵉ éd., 5 fr. — Pierre Leroux. Sa philosophie, 5 fr.

Tisserand (P.). L'anthropolo-gie de Maine de Biran, 10 fr.

Udine (Jean d'). L'art et le geste, 5 fr.

Urtin (H.). L'action crimi-nelle, 5 fr.

Vacherot (Et.). Essais de philosophie critique, 7 fr. 50. — La religion, 7 fr. 50.

Waynbaum (I.). La physio-nomie humaine, 5 fr.

Weber (L.). Vers le positi-visme absolu par l'idéalisme, 7 fr. 50

BIBLIOTHÈQUE
D'HISTOIRE CONTEMPORAINE

Volumes in-16 et in-8

DERNIERS VOLUMES PUBLIÉS :

LES QUESTIONS ACTUELLES ET LE PASSÉ, par *A. Fribourg*. 1 vol. in-16 . . . . 3 fr. 50

BONAPARTE A ANCONE, par *P. Bodereau*. 1 vol. in-16. . . . . 3 fr. 50

L'UNITÉ FRANÇAISE, par *E. Driault*. 1 vol. in-16. . . . . . . 3 fr. 50

LA CHINE ET LE MOUVEMENT CONSTITUTIONNEL (1910-1913), par *J. Rodes*. 1 vol. in-16 . . . . 3 fr. 50

L'AFRIQUE DU NORD, par *A. Bernard, J. Ladreit de Lacharrière, C. Guy, A. Tardieu, R. Pinon, C. Jonnart, Général Lyautey, E. Roume, J. Ch.-Roux, S. Pichon*. 1 vol. in-16, avec cartes . . . . . . 3 fr. 50

ÉTUDES ET LEÇONS SUR LA RÉVOLUTION FRANÇAISE, 7ᵉ série, par *A. Aulard*. 1 vol. in-16. . . . . 3 fr. 50

L'ALLEMAGNE ET LA FRANCE EN EUROPE, par *P. Albin*. 1 vol. in-8. 7 fr.

LA CRISE POLITIQUE DE L'ALLEMAGNE CONTEMPORAINE, par *W. Martin*. 1 vol. in-16. . . . . 3 fr. 50

L'ALSACE-LORRAINE OBSTACLE A L'EXPANSION ALLEMANDE, par *J. Novi-cow*. 1 vol. in-16 . . . . 3 fr. 50

LE MAROC, par *A. Bernard*, 2ᵉ éd., revue. 1 vol. in-8, avec cartes. 5 fr.

L'ITALIE ÉCONOMIQUE ET SOCIALE (1861-1912), par *E. Lémonon*. 1 vol. in-8., ... 7 fr.

L'ŒUVRE LÉGISLATIVE DE LA RÉVOLUTION, par *L. Cahen* et *R. Guyot*. 1 vol. in-8. . . . . 7 fr.

NOS HOMMES D'ETAT ET L'ŒUVRE DE RÉFORME, par *F. Maury*. 1 vol. in-16 . . . . 3 fr. 50

LE « COUP » D'AGADIR. par *P. Albin*. 1 vol. in-16. . . . . 3 fr. 50

HISTOIRE DE LA RÉVOLUTION FRANÇAISE, par *Th. Carlyle*. Nouvelle édition. 3 vol. in-18 . . . . 10 fr. 50

LA FRANCE SOUS LA MONARCHIE CONSTITUTIONNELLE (1814-1848), par *G. Weill*. Nouvelle édition. 1 vol. in-16 . . . . 3 fr. 50

BISMARCK (1815-1898), par *H. Welschinger*. 2ᵉ éd. In-8 av. portrait. 5 fr.

LES GRANDS PROBLÈMES DE LA POLITIQUE INTÉRIEURE RUSSE, par *R. Marchand*. 1 vol. in-16. . . . . **3 fr. 50**

LE PORTUGAL ET SES COLONIES, par *A. Marvaud*. 1 vol. in-8. . . **5 fr.**

AUSTERLITZ. LA FIN DU SAINT-EMPIRE (1804-1806). (*Napoléon et l'Europe*, II), par *E. Driault*. 1 vol. in-8. . . . . **7 fr.**

LA VIE POLITIQUE DANS LES DEUX MONDES, publ. sous la dir. de *A. Viallate* et *M. Caudel*, avec la collab. de professeurs et d'anciens élèves de l'Ecole des Sciences Politiques. 6ᵉ année, 1911-1912. 1 fort. vol. in-8. **10 fr.**

Précédemment publiés :

EUROPE

LES QUESTIONS ACTUELLES DE POLITIQUE ÉTRANGÈRE EN EUROPE, par *F. Charmes, A. Leroy-Beaulieu, R. Millet, A. Ribot, A. Vandal, R. de Caix, R. Henry, G. Louis-Jaray, R. Pinon, A. Tardieu*. Nouvelle édition, refondue et mise à jour. 1 vol. in-16 avec 5 cartes hors texte. 3 fr. 50

HISTOIRE DIPLOMATIQUE DE L'EUROPE (1815-1878), par *Debidour*, 2 vol. in-8. . . . . **18 fr.**

LA QUESTION D'ORIENT, par *E. Driault*. 6ᵉ édit. 1 vol. in-8. . . **7 fr.**

LA CONFÉRENCE D'ALGÉSIRAS. *Histoire diplomatique de la crise marocaine (janvier-avril 1906)*, par *A. Tardieu*. 3ᵉ édit. Revue et augmentée d'un appendice sur *Le Maroc après la conférence* (1906-1909). In-8. 10 fr.

LES GRANDS TRAITÉS POLITIQUES. *Recueil des principaux textes diplomatiques depuis 1815 jusqu'à nos jours*, par *P. Albin*. Préface de *Maurice Herbette*. 1 vol. in-8 . . . . **10 fr.**

L'EUROPE ET LA POLITIQUE BRITANNIQUE (1882-1911), par *E. Lémonon*. Préface de M. *Paul Deschanel*. 2ᵉ édit. 1 vol. in-8 . . . . . . **10 fr.**

LA POLITIQUE DE PIE X, par *Maurice Pernot*. 1 vol. in-16 . . . **3 fr. 50**

FRANCE ET COLONIES

LE DIRECTOIRE ET LA PAIX DE L'EUROPE, DES TRAITÉS DE BALE A LA DEUXIÈME COALITION (1795-1799), par *R. Guyot*. 1 vol. in-8. . . **15 fr.**

LA POLITIQUE DOUANIÈRE DE LA FRANCE, par *Ch. Augier* et *A. Marvaud*. 1 vol. in-8. . . . . **7 fr. 50**

LA RÉVOLUTION FRANÇAISE, par *H. Carnot*. 1 vol. in-16. Nouv. éd. 3 fr. 50

LA THÉOPHILANTHROPIE ET LE CULTE DÉCADAIRE (1796-1801), par *A. Mathiez*. 1 vol. in-8. . . . . **12 fr.**

CONTRIBUTIONS A L'HISTOIRE RELIGIEUSE DE LA RÉVOLUTION FRANÇAISE, par *le même*. 1 vol. in-16. . . . . **3 fr. 50**

MÉMOIRES D'UN MINISTRE DU TRÉSOR PUBLIC (1789-1815), par le comte *Mollien*. Publié par *M. Gomel*. 3 vol. in-8. . . . . **15 fr.**

CONDORCET ET LA RÉVOLUTION FRANÇAISE, par *L. Cahen*. 1 vol. in-8. 10 fr.

CAMBON ET LA RÉVOLUTION FRANÇAISE, par *F. Bornarel*. 1 vol. in-8. 7 fr.

LE CULTE DE LA RAISON ET LE CULTE DE L'ÊTRE SUPRÊME (1793-1794). *Étude historique*, par *A. Aulard*. 2ᵉ éd. 1 vol. in-16. . . . . **3 fr. 50**

ÉTUDES ET LEÇONS SUR LA RÉVOLUTION FRANÇAISE, par *A. Aulard*. 6 vol. in-16. Chacun . . . . **3 fr. 50**

HOMMES ET CHOSES DE LA RÉVOLUTION, par *E. Spuller*. In-16. 3 fr. 50

LES CAMPAGNES DES ARMÉES FRANÇAISES (1792-1815), par *C. Vallaux*. 1 vol. in-16, avec 17 cartes. . . . . **3 fr. 50**

LA POLITIQUE ORIENTALE DE NAPOLÉON (1806-1808), par *E. Driault*. In-8. 7 fr.

NAPOLÉON ET LA POLOGNE (1806-1807), par *Handelsman*. 1 vol. in-8. 5 fr.

DE WATERLOO A SAINTE-HÉLÈNE, par *J. Silvestre*, 1 vol. in-16. 3 fr. 50

LE CONVENTIONNEL GOUJON, par *L. Thénard* et *R. Guyot*. 1 vol. in-8. 5 fr.

HISTOIRE DU SECOND EMPIRE (1848-1870), par *T. Delord*. 6 vol. in-8. 42 fr.

HISTOIRE DE DIX ANS (1830-1840), par *Louis Blanc*. 5 vol. in-8. Chacun. 5 fr.

ASSOCIATIONS ET SOCIÉTÉS SECRÈTES SOUS LA DEUXIÈME RÉPUBLIQUE (1848-1851), par *J. Tchernoff*. 1 vol in-8 . . . . **7 fr.**

HISTOIRE DU PARTI RÉPUBLICAIN (1814-1870), par *G. Weill.* 1 v. in-8. 10 fr.
HISTOIRE DU MOUVEMENT SOCIAL (1852-1910), par *le même.* In-8. 2ᵉ éd. 10 fr.
HISTOIRE DE LA TROISIÈME RÉPUBLIQUE, par *E. Zevort* : I. *Présidence de M. Thiers.* 3ᵉ édit. 1 vol. in-8. 7 fr. — II. *Présidence du Maréchal.* (*Épuisé*) — III. *Présidence de Jules Grévy.* 2ᵉ édition. 1 vol. in-8. 7 fr. — IV. *Présidence de Sadi-Carnot.* 1 vol. in-8. . . . . 7 fr.
HISTOIRE DES RAPPORTS DE L'ÉGLISE ET DE L'ÉTAT EN FRANCE (1789-1870), par *A. Debidour.* 2ᵉ éd. 1 vol. in-8 (*Couronné par l'Institut*). 12 fr.
L'ÉTAT ET LES ÉGLISES EN FRANCE, par *J.-L. de Lanessan.* In-16. 3 fr. 50
LA SOCIÉTÉ FRANÇAISE SOUS LA TROISIÈME RÉPUBLIQUE, par *Marius-Ary Leblond.* 1 vol. in-8. . . . . 5 fr.
LA LIBERTÉ DE CONSCIENCE EN FRANCE (1595-1905), par *G. Bonet-Maury.* 1 vol. in-8, 2ᵉ édit. . . . . 5 fr.
LES CIVILISATIONS TUNISIENNES, par *P. Lapie.* 1 vol. in-16. . 3 fr. 50
LES COLONIES FRANÇAISES, par *P. Gaffarel.* 6ᵉ éd. 1 vol. in-8. . . 5 fr.
L'ŒUVRE DE LA FRANCE AU TONKIN, par *A. Gaisman.* 1 v. in-16. 3 fr. 50
LA FRANCE HORS DE FRANCE. *Notre émigration, sa nécessité, ses conditions,* par *J.-B. Piolet.* 1 vol. in-8. . . . . . . 10 fr.
L'ALGÉRIE, par *M. Wahl.* 5ᵉ éd., revue par *A. Bernard.* 1 vol. in-8. 5 fr.
AU CONGO FRANÇAIS. *La question internationale du Congo,* par *F. Challaye.* 1 vol. in-8. . . . . 5 fr.
LA FRANCE MODERNE ET LE PROBLÈME COLONIAL (1815-1830), par *Ch. Schefer.* 1 vol. in-8. . . . . 7 fr.
L'ÉGLISE CATHOLIQUE ET L'ÉTAT EN FRANCE SOUS LA TROISIÈME RÉPUBLIQUE (1870-1906), par *A. Debidour.* Tome I. 1870-1889. 1 vol. in-8. 7 fr. Tome II, 1889-1906. 1 vol. in-8 . . . . 10 fr.
L'ÉVEIL D'UN MONDE. *L'œuvre de la France en Afrique occidentale,* par *L. Hubert.* 1 vol. in-16. . . . . 3 fr. 50
RÉGIONS ET PAYS DE FRANCE, par *Fèvre et Hauser.* 1 vol. in-8 ill. 7 fr.
NOTRE EMPIRE COLONIAL, par *H. Busson, J. Fèvre et H. Hauser.* 1 vol. in-8 avec gravures et cartes. . . . . 5 fr.
NAPOLÉON ET LA CATALOGNE. *La Captivité de Barcelone (Février 1808-Janvier 1810).* 1 vol. in-8 avec une carte hors texte. . . . 10 fr.
LA POLITIQUE EXTÉRIEURE DU PREMIER CONSUL (1800-1803). (*Napoléon et l'Europe,* I), par *E. Driault.* 1 vol. in-8. . . . . . 7 fr.
LES OFFICIERS DE L'ARMÉE ROYALE ET LA RÉVOLUTION, par le Lieut.-Colonel *Hartmann.* 1 vol. in-8 (*Couronné par l'Institut*). . . . 10 fr.
THOURET (1746-1794). *La vie et l'œuvre d'un constituant,* par *E. Lebègue.* 1 vol. in-8. . . . . 7 fr.
ESSAI POLITIQUE SUR A. DE TOCQUEVILLE, par *R. Pierre Marcel.* In-8. 7 fr.
HISTOIRE DU CATHOLICISME LIBÉRAL EN FRANCE (1828-1908), par *G. Weill.* 1 vol. in-16. . . . . 3 fr. 50

ALLEMAGNE

L'ESPRIT PUBLIC EN ALLEMAGNE VINGT ANS APRÈS BISMARCK, par *H. Moysset.* 1 vol. in-8. . . . . 5 fr.
L'EFFORT ALLEMAND, par *L. Hubert.* 1 vol. in-16 . . . . . 3 fr. 50
LA RESTAURATION DE L'EMPIRE ALLEMAND, par *A. de Ruville.* Traduit par P. Albin. 1 vol. in-8. . . . . 7 fr.
LE GRAND-DUCHÉ DE BERG (1806-1813), par *Ch. Schmidt.* 1 vol. in-8. 10 fr.
HISTOIRE DE LA PRUSSE, *de la mort de Frédéric II à la bataille de Sadowa,* par *E. Véron.* 6ᵉ éd. 1 vol. in-18. . . . . . . 3 fr. 50
LES ORIGINES DU SOCIALISME D'ÉTAT EN ALLEMAGNE, par *Ch. Andler.* 2ᵉ édit. In-8. . . . . 7 fr.
L'ALLEMAGNE NOUVELLE ET SES HISTORIENS (*Niebuhr, Ranke, Mommsen, Sybel, Treitschke*), par *A. Guilland.* 1 vol. in-8. . . . . 5 fr.
LA DÉMOCRATIE SOCIALISTE ALLEMANDE, par *E. Milhaud.* 1 vol. in-8. 10 fr.
LA PRUSSE ET LA RÉVOLUTION DE 1848, par *P. Matter.* 1 v. in-16. 3 fr. 50
BISMARCK ET SON TEMPS, par *le même.* 3 vol. in-8, chacun. 10 fr. — I. *La préparation (1815-1862).* — II. *L'action (1863-1870).* — III. *Le triomphe et le déclin (1870-1896).* (*Ouvrage couronné par l'Institut.*)

ANGLETERRE

L'EUROPE ET LA POLITIQUE BRITANNIQUE (1882-1911), par *E. Lémonon*.
Préface de M. *Paul Deschanel*. 2ᵉ édit. 1 vol. in-8 . . . . . 10 fr.
HISTOIRE CONTEMP. DE L'ANGLETERRE, par *H. Reynald*. 2ᵉ éd. In-16. 3 fr. 50
A TRAVERS L'ANGLETERRE CONTEMPORAINE, par *J. Mantoux*. In-16. 3 fr. 50

AUTRICHE-HONGRIE

LA RENAISSANCE TCHÈQUE AU XIXᵉ SIÈCLE, par *L. Leger*. 1 v. in-16. 3 fr. 50
LES TCHÈQUES ET LA BOHÈME CONTEMPORAINE, par *Bourlier*. In-16. 3 fr. 50
LE PAYS MAGYAR, par *R. Recouly*. 1 vol. in-16 . . . . 3 fr. 50
LA HONGRIE RURALE, SOCIALE ET POLITIQUE, par *J. de Mailath*. In-8. 5 fr.
LA QUESTION SOCIALE ET LE SOCIALISME EN HONGRIE, par *G.-Louis Járay*,
1 vol. in-8 avec 5 cartes hors texte . . . . 7 fr.

ESPAGNE

LA QUESTION SOCIALE EN ESPAGNE, par *Angel Marvaud*. 1 vol. in-8. 7 fr.

GRÈCE et TURQUIE

LA TURQUIE ET L'HELLÉNISME CONTEMPORAIN, par *V. Bérard*. 1 vol. in-16.
6ᵉ éd. (*Ouvrage couronné par l'Académie française*) . . . . 3 fr. 50
BONAPARTE ET LES ILES IONIENNES, par *E. Rodocanachi*. In-8. 5 fr.

ITALIE

HISTOIRE DE L'UNITÉ ITALIENNE (1814-1871), p. *Bolton King*. 2 v. in-8. 15 fr.
BONAPARTE ET LES RÉPUBLIQUES ITALIENNES, par *P. Gaffarel*. In-8. 5 fr.
NAPOLÉON EN ITALIE (1800-1812), par *E. Driault*. 1 vol. in-8. . 10 fr.

ROUMANIE

HISTOIRE DE LA ROUMANIE CONTEMP. (1822-1900), par *Damé*. In-8. 7 fr.

SUÈDE

BERNADOTTE ROI (1810-1818-1844), par *C. Schefer*. 1 vol. in-8. . 5 fr.

AMÉRIQUE

LES QUESTIONS ACTUELLES DE POLITIQUE ÉTRANGÈRE DANS L'AMÉRIQUE DU
NORD, par *A. Siegfried, P. de Rousiers, de Périgny, F. Ros, A. Tardieu*. 1 vol. in-16 avec 5 cartes hors texte . . . . 3 fr. 50
HISTOIRE DE L'AMÉRIQUE DU SUD, par *Alf. Deberle*. In-16. 3ᵉ éd. 3 fr. 50
L'INDUSTRIE AMÉRICAINE, par *A. Viallate*. 1 vol. in-8. . . . . 10 fr.

CHINE et JAPON

HISTOIRE DES RELATIONS DE LA CHINE AVEC LES PUISSANCES OCCIDENTALES
(1861-1902), par *H. Cordier*, de l'Instit. 3 vol. in-8, avec cartes. 30 fr.
L'EXPÉDITION DE CHINE DE 1857-58, par *le même*. 1 vol. in-8. . . 7 fr.
L'EXPÉDITION DE CHINE DE 1860, par *le même*. 1 vol. in-8 . . . 7 fr.
EN CHINE. *Mœurs et institutions*, par *M. Courant*. 1 vol. in-16. 3 fr. 50
LE DRAME CHINOIS, par *Marcel Monnier*. 1 vol. in-16. . . . 2 fr. 50
LE PROTESTANTISME AU JAPON (1859-1907), par *R. Allier*. In-16. 3 fr. 50
LA QUESTION D'EXTRÊME-ORIENT, par *E. Driault*. 1 vol. in-8. . . 7 fr.
LES QUESTIONS ACTUELLES DE POLITIQUE ÉTRANGÈRE EN ASIE, par MM. le
*Baron de Courcel, P. Deschanel, P. Doumer, E. Etienne, le Général
Lebon, Victor Bérard, R. de Caix, M. Revon, Jean Rodes*, le Dʳ *Rouire*.
1 vol. in-16 avec 4 cartes hors texte . . . . 3 fr. 50
LA CHINE NOUVELLE, par *Jean Rodes*. 1 vol. in-16 . . . . . . 3 fr. 50

INDE

L'INDE CONTEMP. ET LE MOUVEMENT NATIONAL, par *E. Piriou*. In-16. 3 fr. 50

ÉGYPTE

LA TRANSFORMATION DE L'ÉGYPTE, par *Alb. Métin*. 1 vol. in-16. 3 fr. 50

QUESTIONS POLITIQUES ET SOCIALES

PROBLÈMES POLITIQUES ET SOCIAUX, par *E. Driault*. 2ᵉ éd. 1 vol. in-8. 7 fr.
VUE GÉNÉRALE DE L'HISTOIRE DE LA CIVILISATION, par *le même*. 2 vol.
in-16, illustrés. 3ᵉ édit. (*Récompensé par l'Institut*) . . . . . 7 fr.
LE MONDE ACTUEL, par *le même*. Tableau polit. et économ. 1 v. in-8. 7 fr.
SOUVERAINETÉ DU PEUPLE ET GOUVERNEMENT, par *E. d'Eichthal*, de
l'Institut. 1 vol. in-16. . . . . 3 fr. 50

Sᴏᴘʜɪꜱᴍᴇꜱ ꜱᴏᴄɪᴀʟɪꜱᴛᴇꜱ ᴇᴛ ꜰᴀɪᴛꜱ ᴇ́ᴄᴏɴᴏᴍɪǫᴜᴇꜱ, par *Yves Guyot*. 1 vol. in-16. . . . . 3 fr. 50
Lᴇꜱ ᴍɪꜱꜱɪᴏɴꜱ ᴇᴛ ʟᴇᴜʀ ᴘʀᴏᴛᴇᴄᴛᴏʀᴀᴛ, par *J.-L. de Lanessan*. 1 v. in-16. 3 fr. 50
Lᴇ ꜱᴏᴄɪᴀʟɪꜱᴍᴇ ᴜᴛᴏᴘɪǫᴜᴇ, par *A. Lichtenberger*. 1 vol. in-16. 3 fr. 50
Lᴇ ꜱᴏᴄɪᴀʟɪꜱᴍᴇ ᴇᴛ ʟᴀ ʀᴇ́ᴠᴏʟᴜᴛɪᴏɴ ꜰʀᴀɴᴄ̧ᴀɪꜱᴇ, par *le même*. 1 v. in-8. 5 fr.
L'ᴏᴜᴠʀɪᴇʀ ᴅᴇᴠᴀɴᴛ ʟ'ᴇ́ᴛᴀᴛ, par *Paul Louis*. 1 vol. in-8. . . . . . 7 fr.
Hɪꜱᴛᴏɪʀᴇ ᴅᴜ ᴍᴏᴜᴠᴇᴍᴇɴᴛ ꜱʏɴᴅɪᴄᴀʟ ᴇɴ Fʀᴀɴᴄᴇ (1789-1910), par *le même*. 2ᵉ édit. 1 vol. in-16. . . . . 3 fr. 50
Lᴇ ꜱʏɴᴅɪᴄᴀʟɪꜱᴍᴇ ᴄᴏɴᴛʀᴇ ʟ'Eᴛᴀᴛ, par *le même*. 1 vol. in-16. 3 fr. 50
Hɪꜱᴛᴏɪʀᴇ ᴘᴏʟɪᴛɪǫᴜᴇ ᴇᴛ ꜱᴏᴄɪᴀʟᴇ (1815-1911). (*Évolution du monde moderne*), par *E. Driault et Monod*. 1 vol. in-16 avec gravures et cartes. 2ᵉ édit. 5 fr.
Lᴀ ᴅɪꜱꜱᴏʟᴜᴛɪᴏɴ ᴅᴇꜱ ᴀꜱꜱᴇᴍʙʟᴇ́ᴇꜱ ᴘᴀʀʟᴇᴍᴇɴᴛᴀɪʀᴇꜱ, par *Paul Matter*. 1 vol. in-8. . . . . 5 fr.
Lᴀ Fʀᴀɴᴄᴇ ᴇᴛ ʟ'Iᴛᴀʟɪᴇ ᴅᴇᴠᴀɴᴛ ʟ'ʜɪꜱᴛᴏɪʀᴇ, par *J. Reinach*. 1 vol. in-8. 5 fr.
Lᴇ ꜱᴏᴄɪᴀʟɪꜱᴍᴇ ᴀ ʟ'Eᴛʀᴀɴɢᴇʀ, par MM. *J. Bardoux, G. Gidel, Kinzo. Gorai, G. Isambert, G. Louis-Jaray. A. Marvaud, Da Motta de San Miguel, P. Quentin-Bauchart, M. Revon, A. Tardieu*. 1 v. in-16. 3 fr. 50
Fɪɢᴜʀᴇꜱ ᴅɪꜱᴘᴀʀᴜᴇꜱ, par *E. Spuller*. 3 vol. in-16, chacun . . . 3 fr. 50
L'ᴇ́ᴅᴜᴄᴀᴛɪᴏɴ ᴅᴇ ʟᴀ ᴅᴇ́ᴍᴏᴄʀᴀᴛɪᴇ, par *le même*. 1 vol. in-16. . . 3 fr. 50
L'ᴇ́ᴠᴏʟᴜᴛɪᴏɴ ᴘᴏʟɪᴛɪǫᴜᴇ ᴇᴛ ꜱᴏᴄɪᴀʟᴇ ᴅᴇ ʟ'ᴇ́ɢʟɪꜱᴇ, par *le même*. 1 v. in-16. 3 fr. 50
Lᴀ Fʀᴀɴᴄᴇ ᴇᴛ ꜱᴇꜱ ᴀʟʟɪᴀɴᴄᴇꜱ, par *A. Tardieu*. 1 vol. in-16. . . 3 fr. 50
Lᴀ Vɪᴇ ᴘᴏʟɪᴛɪǫᴜᴇ ᴅᴀɴꜱ ʟᴇꜱ Dᴇᴜx Mᴏɴᴅᴇꜱ, publiée sous la direction de *A. Viallate et M. Caudel*. 1ʳᵉ ᴀɴɴᴇ́ᴇ (1906-1907), à 6ᵉ ᴀɴɴᴇ́ᴇ (1911-1912). Chacune 1 fort vol. in-8. . . . . 10 fr.
L'ᴇ́ᴄᴏʟᴇ ꜱᴀɪɴᴛ-ꜱɪᴍᴏɴɪᴇɴɴᴇ, par *G. Weill*. 1 vol. in-16. . . 3 fr. 50

LES MAITRES DE LA MUSIQUE
ᴇ́ᴛᴜᴅᴇꜱ ᴅ'ʜɪꜱᴛᴏɪʀᴇ ᴇᴛ ᴅ'ᴇꜱᴛʜᴇ́ᴛɪǫᴜᴇ
Publiées sous la direction de M. Jᴇᴀɴ Cʜᴀɴᴛᴀᴠᴏɪɴᴇ
Chaque volume in-8 de 250 pages environ, 3 fr. 50

ʟɪꜱᴛᴇ ᴘᴀʀ ᴏʀᴅʀᴇ ᴅ'ᴀᴘᴘᴀʀɪᴛɪᴏɴ

Palestrina, par Mɪᴄʜᴇʟ Bʀᴇɴᴇᴛ. 3ᵉ édition.

César Franck, par Vɪɴᴄᴇɴᴛ ᴅ'Iɴᴅʏ. 6ᵉ édit.

J.-S. Bach, par A. Pɪʀʀᴏ. 4ᵉ édit.

Beethoven, par Jᴇᴀɴ Cʜᴀɴᴛᴀᴠᴏɪɴᴇ. 7ᵉ édit.

Mendelssohn, par Cᴀᴍɪʟʟᴇ Bᴇʟʟᴀɪɢᴜᴇ, 3ᵉ édition.

Smetana, par Wɪʟʟɪᴀᴍ Rɪᴛᴛᴇʀ.

Rameau, par Lᴏᴜɪꜱ Lᴀʟᴏʏ. 2ᵉ éd.

Moussorgsky, par M. D. Cᴀʟᴠᴏᴄᴏʀᴇꜱꜱɪ. 2ᵉ édition.

Haydn, par M. Bʀᴇɴᴇᴛ. 2ᵉ édit.

Trouvères et Troubadours, par Pɪᴇʀʀᴇ Aᴜʙʀʏ. 2ᵉ édit.

Wagner, par Hᴇɴʀɪ Lɪᴄʜᴛᴇɴʙᴇʀɢᴇʀ. 4ᵉ édit.

Gluck, par Jᴜʟɪᴇɴ Tɪᴇʀꜱᴏᴛ. 3ᵉ éd.

Liszt, par J. Cʜᴀɴᴛᴀᴠᴏɪɴᴇ. 3ᵉ éd.

Gounod, par C. Bᴇʟʟᴀɪɢᴜᴇ. 2ᵉ éd.

Haendel, par R. Rᴏʟʟᴀɴᴅ. 3ᵉ éd.

Lully, par L. ᴅᴇ ʟᴀ Lᴀᴜʀᴇɴᴄɪᴇ.

L'Art Grégorien, par Aᴍᴇ́ᴅᴇ́ᴇ Gᴀꜱᴛᴏᴜᴇ́. 2ᵉ édit.

J.-J. Rousseau, par J. Tɪᴇʀꜱᴏᴛ.

Schutz, par A. Pɪʀʀᴏ.

Meyerbeer, par L. Dᴀᴜʀɪᴀᴄ.

Mozart, par H. ᴅᴇ Cᴜʀᴢᴏɴ.

ART ET ESTHÉTIQUE
Collection fondée en 1913 et publiée sous la direction de M. Pɪᴇʀʀᴇ Mᴀʀᴄᴇʟ
Chaque volume in-8, avec 24 reproductions hors texte. 3 fr. 50

ʟɪꜱᴛᴇ ᴘᴀʀ ᴏʀᴅʀᴇ ᴅ'ᴀᴘᴘᴀʀɪᴛɪᴏɴ

Titien, par H. Cᴀʀᴏ-Dᴇʟᴠᴀɪʟʟᴇ.

Greuze, par Lᴏᴜɪꜱ Hᴀᴜᴛᴇᴄœᴜʀ.

Velazquez, par Aᴍᴀɴ-Jᴇᴀɴ.

Holbein, par E. Fᴏᴜɢᴇʀᴀᴛ.

Hokousaï, par E. Fᴏᴄɪʟʟᴏɴ.

Pavis de Chavannes, par Rᴇɴᴇ́ Jᴇᴀɴ.

BIBLIOTHÈQUE GÉNÉRALE
DES SCIENCES SOCIALES

Secrétaire de la rédaction : DICK MAY, Secrét. gén. de l'Éc. des Hautes-Études sociales.

Vol. in-8 carré de 300 pages environ, cart. à l'anglaise, chacun. 6 fr.

Derniers volumes publiés :

La vie à Paris au XVIII° siècle, par MM. H. BERGMANN, L. CAHEN, H.-G. IBELS, L. DE LA LAURENCIE, J. LETACONNOUX, D. MORNET, J.-J. OLIVIER, M. ROUFF.

Les assurances sociales en France et à l'étranger, par P. PIC, professeur à la Faculté de droit de Lyon.

Les divisions régionales de la France, par MM. C. BLOCH, L. LAFFITTE, J. LETACONNOUX, L. LEVAINVILLE, F. MAURETTE, P. DE ROUSIERS, M. SCHWOB, C. VALLAUX, P. VIDAL DE LA BLACHE. Introduction de CH. SEIGNOBOS.

Les aspirations autonomistes en Europe, par MM. J. AULNEAU, F. DELAISI, Y.-M. GOBLET, R. HENRY, H. LICHTEN-BERGER, A. MALET, R. MARVAUD, AD. REINACH, H. VIMARD. Préface de CH. SEIGNOBOS.

La méthode positive dans l'enseignement primaire et secondaire, par MM. BERTHONNEAU, A. BIANCONI, H. BOURGIN, L. BRUCKER, F. BRUNOT, G. DELOBEL, G. RUDLER, H. WEILL. Avant-propos de A. CROISET.

Les œuvres périscolaires, par MM. le D' CALMETTE, le D' P. GALLOIS, le D' DE PRADEL, G. BERTIER, le D' E. PETIT, T. COUDIROLLE, le D' RÉGNIER, le D' CAYLA, L. BOUGIER, le D' P. LE GENDRE, le D' DOLÉRIS. Préface de M. le sénateur Paul STRAUSS.

J.-J. Rousseau, par MM. A. CAHEN, D. MORNET, G. GASTINEL, V. DELBOS, J. BENRUBI, F. BALDENSPERGER, G. DWELSHAUVERS, F. VIAL, BEAULAVON, G. BELOT, C. BOUGLÉ, D. PARODI. Préface de M. LANSON, professeur à la Sorbonne.

PRÉCÉDEMMENT PUBLIÉS :

LISTE PAR ORDRE D'APPARITION

L'individualisation de la peine, par R. SALEILLES, prof. à la Faculté de droit de l'Univ. de Paris, et G. MORIN, doc. 2° édition.

L'idéalisme social, par EUGÈNE FOURNIÈRE, 2° édit.

Ouvriers du temps passé, par H. HAUSER, 3° édit.

Les transformations du pouvoir, par G. TARDE, 2° édit.

Morale sociale, par MM. G. BELOT, MARCEL BERNÈS, BRUNSCHVICG, F. BUISSON, DARLU, DAURIAC, DELBET, CH. GIDE, M. KOVALEVSKY, MALAPERT, le R. P. MAUMUS, DE ROBERTY, G. SOREL, le Pasteur WAGNER. Préface de M. É. BOUTROUX, de l'Académie française. 2° éd.

Les enquêtes, *pratique et théorie,* par P. DU MAROUSSEM.

Questions de morale, par MM. BELOT, BERNÈS, F. BUISSON, A. CROISET, DARLU, DELBOS, FOURNIÈRE, MALAPERT, MOCH, D. PARODI, G. SOREL. 2° édit.

Le développement du catholicisme social, depuis l'encyclique *Rerum Novarum,* par MAX TURMANN. 2° édit.

Le socialisme sans doctrines, par A. MÉTIN. 2ᵉ édit.

L'éducation morale dans l'Université, par MM. LÉVY-BRUHL, DARLU, M. BERNÈS. KORTZ, ROCAFORT, BIOCHE, Ph. GIDEL, MALAPERT, BELOT.

La méthode historique appliquée aux sciences sociales, par CH. SEIGNOBOS, professeur à l'Univ. de Paris. 2ᵉ édit.

Assistance sociale. *Pauvres et mendiants*, par PAUL STRAUSS.

L'hygiène sociale, par E. DUCLAUX, de l'Institut.

Essai d'une philosophie de la solidarité, par MM. DARLU, RAUH, F. BUISSON, GIDE, X. LÉON, LA FONTAINE, E. BOUTROUX.

L'éducation de la démocratie, par MM. E. LAVISSE, A. CROISET, SEIGNOBOS, MALAPERT, LANSON, HADAMARD. 2ᵉ édit.

L'exode rural et le retour aux champs, par VANDERVELDE. 2ᵉ édit.

La lutte pour l'existence et l'évolution des sociétés, par J.-L. DE LANESSAN, ancien ministre.

La concurrence sociale et les devoirs sociaux, par LE MÊME.

La démocratie devant la science, par C. BOUGLÉ, 2ᵉ éd. rev.

L'individualisme anarchiste. *Max Stirner*, par V. BASCH, chargé de cours à l'Université de Paris.

Les applications sociales de la solidarité, par MM. P. BUDIN, CH. GIDE, H. MONOD, PAULET, ROBIN, SIEGFRIED, BROUARDEL. 2ᵉ éd.

La paix et l'enseignement pacifiste, par MM. FR. PASSY, CH. RICHET, D'ESTOURNELLES DE CONSTANT, E. BOURGEOIS, A. WEISS, H. LA FONTAINE, G. LYON.

Études sur la philosophie morale au XIXᵉ siècle, par MM. BELOT, A. DARLU, M. BERNÈS, A. LANDRY, CH. GIDE, E. ROBERTY, R. ALLIER, H. LICHTENBERGER, L. BRUNSCHVICG.

Enseignement et démocratie, par MM. A. CROISET, DEVINAT, BOITEL, MILLERAND, APPELL, SEIGNOBOS, LANSON, CH.-V. LANGLOIS.

Religions et sociétés, par MM. TH. REINACH, A. PUECH, R. ALLIER, A. LEROY-BEAULIEU, LE Bᵒⁿ CARRA DE VAUX, H. DREYFUS.

Essais socialistes, par E. VANDERVELDE.

Le surpeuplement et les habitations à bon marché, par H. TUROT et H. BELLAMY.

L'individu, l'association et l'État, par E. FOURNIÈRE.

Les trusts et les syndicats de producteurs, par J. CHASTIN.

Le droit de grève, par MM. CH. GIDE, H. BERTHÉLEMY, P. BUREAU, A. KEUFER, C. PERREAU, CH. PICQUENARD, A.-E. SAYOUS, F. FAGNOT, E. VANDERVELDE.

Morales et religions, par MM. G. BELOT, L. DORISON, AD. LODS, A. CROISET, W. MONOD, E. DE FAYE, A. PUECH, le baron CARRA DE VAUX, E. EHRARDT, H. ALLIER, F. CHALLAYE.

La nation armée, par MM. le général BAZAINE-HAYTER, C. BOUGLÉ, E. BOURGEOIS, Cⁿᵉ BOURGUET, E. BOUTROUX, A. CROISET, G. DEMENY, G. LANSON, L. PINEAU, Cⁿᵉ POTEZ, F. RAUH.

La criminalité dans l'adolescence, par G.-L. DUPRAT.

***

Médecine et pédagogie, par MM. le Dr ALBERT MATHIEU, le Dr GILLET, le Dr S. MÉRY, P. MALAPERT, le Dr LUCIEN BUTTE, le Dr PIERRE RÉGNIER, le Dr L. DUFESTEL, le Dr LOUIS GUINON, le Dr NOBÉCOURT. Préface de M. le Dr E. MOSNY.

La lutte contre le crime, par J.-L. DE LANESSAN.

La Belgique et le Congo, par E. VANDERVELDE.

La dépopulation de la France, par le Dr J. BERTILLON.

L'enseignement du français, par H. BOURGIN, A. CROISET, P. CROUZET, M. LACABE-PLASTEIG, G. LANSON, CH. MAQUET, J. PRETTRE, G. RUDLER, A. WEIL.

La séparation de l'Église et de l'État, par J. DE NARFON.

Neutralité et monopole de l'enseignement, par MM. V. BASCH, E. BLUM, A. CROISET, G. LANSON, D. PARODI, TH. REINACH, F. LÉVY-WOGUE et R. PICHON.

La lutte scolaire en France au dix-neuvième siècle, par MM. F. BUISSON, L. CAHEN, A. DESSOYE, E. FOURNIÈRE, C. LATREILLE, R. LEBEY, ROGER LÉVY, CH. SEIGNOBOS, CH. SCHMIDT, J. TCHERNOFF, E. TOUTEY et J. LETACONNOUX.

BIBLIOTHÈQUE UTILE

Volumes in-32 de 192 pages chacun.

Chaque volume broché, 60 cent.

Acloque (A.). Les insectes nuisibles (avec fig.).

Bastide. Les guerres de la Réforme.

Bellet. (D.). Les grands ports maritimes de commerce (avec fig.).

Bère. Histoire de l'armée française.

Berget (Adrien.) La viticulture nouvelle.

— La pratique des vins.

— Les vins de France..

Blerzy. Les colonies anglaises.

Bondois. (P). L'Europe contemporaine (1789-1879).

Bouant. Les principaux faits de la chimie (avec fig.).

— Histoire de l'eau (avec fig.).

Brothier. Histoire de la terre.

Buchez. Histoire de la formation de la nationalité française.

    I. *Les Mérovingiens.*

    II. *Les Carlovingiens.*

Carnot. Révolution française. 2 vol.

Catalan. Notions d'astronomie. (avec fig.).

Collas et Driault. Histoire de l'empire ottoman.

Collier. Premiers principes des beaux-arts (avec fig.).

Combes (L.). La Grèce ancienne.

Coste (A.). La richesse et le bonheur.

— Alcoolisme ou épargne.

Coupin (H.). La vie dans les mers (avec fig.).

Creighton. Histoire romaine.

Cruveilhier. Hygiène générale.

Debidour (A.) Histoire des rapports de l'Église et de l'État en France (1789-1871). Abrégé par DUBOIS et SARTHOU.

Despois (Eug.). Révolution d'Angleterre. (1603-1688).

Donnaud (Alfred). Histoire de la marine française.

— Histoire contemporaine de la Prusse.

Dufour. Petit dictionnaire des falsifications.

Eisenmenger (G.). Les tremblements de terre.

Enfantin. La vie éternelle, passée, présente, future.

Faque (L.). L'Indo-Chine française.

Ferrière. Le darwinisme.

Gaffarel (Paul). Les frontières françaises et leur défense.

Gastineau (B.). Les génies de la science et de l'industrie.

Geikie. La géologie (avec fig.).

Genevoix (F.). Les procédés industriels.

— Les matières premières.

Gérardin. Botanique générale (avec fig.).

Girard de Rialle. Les peuples de l'Asie et de l'Europe.

Grove. Continents et océans, avec fig.

Guyot (**Yves**). Les préjugés économiques.

Hennequy. Histoire contemporaine de l'Italie.

Huxley. Premières notions sur les sciences. 5ª édit.

Jevons (**Stanley**). L'économie politique.

Jouan. Les îles du Pacifique.

Jourdan (**J.**). La justice criminelle en France.

Jourdy. Le patriotisme à l'école.

Larbalétrier (**A.**). L'agriculture française (avec fig.).

— Les plantes d'appartement, de fenêtres et de balcons (avec fig.).

Larivière (**Ch. de**). Les origines de la guerre de 1870.

Larrivé. L'assistance publique en France.

Laumonier (**D**ʳ **J.**). L'hygiène de la cuisine.

Leneveux. Le travail manuel en France.

Lévy (**Albert**). Histoire de l'air (avec fig.).

Loch (**F.**). Jeanne d'Arc.

— Histoire de la Restauration.

Mahaffy. L'antiquité grecque (avec fig.).

Maigne. Les mines de la France et de ses colonies.

Mayer (**G.**). Les chemins de fer (avec fig.).

Merklen (**P.**). La tuberculose; son traitement hygiénique.

Meunier (**G.**). Histoire de la littérature française.

— Histoire de l'art ancien, moderne et contemporain (avec fig.).

Mongredien. Histoire du libre-échange en Angleterre.

Monin. Les maladies épidémiques. Hygiène et prévention (avec fig.).

Morin. Résumé populaire du code civil, avec un appendice sur la *loi des accidents du travail* et la *loi des associations*.

Noël (**Eugène**). Voltaire et Rousseau.

Ott (**A.**). L'Asie occidentale et l'Egypte.

Paulhan (**F.**). La physiologie de l'esprit. (avec fig.)

Paul Louis. Les lois ouvrières dans les deux mondes.

Petit. Economie rurale et agricole.

Pichat (**L.**). L'art et les artistes en France.

Quesnel. Histoire de la conquête de l'Algérie.

Raymond (**E.**). L'Espagne et le Portugal.

Regnard. Histoire contemporaine de l'Angleterre.

Renard (**G.**). L'homme est-il libre?

Robinet. La philosophie positive.

Rolland (**Ch.**). Histoire de la maison d'Autriche.

Sérieux et Mathieu. L'alcool et l'alcoolisme.

Spencer (**Herbert**). De l'éducation.

Turck. Médecine populaire. 7ª édit.

Vaillant. Petite chimie de l'agriculteur.

Zaborowski. L'origine du langage.

— Les migrations des animaux.

— Les grands singes.

— Les mondes disparus (avec fig.)

— L'homme préhistorique. 8ª édit. (avec fig.)

Zevort (**Edg.**). Histoire de Louis-Philippe.

Zurcher (**F.**). Les phénomènes de l'atmosphère.

Zurcher et Margollé. Télescope et microscope.

— Les phénomènes célestes.

BIBLIOTHÈQUE FRANCE-AMÉRIQUE
Fondée en 1913

GARNEAU (F.-X.). **Histoire du Canada.** 5ᵉ édit., revue, annotée et publiée avec un avant-propos par son petit-fils HECTOR GARNEAU. Préface de M. GABRIEL HANOTAUX, de l'Académie française, président du comité France-Amérique. Tome I, 1913. 1 vol. in-8. . . . . 7 fr. 50

CROLY (H.). **Les Promesses de la Vie américaine.** Traduit de l'anglais par MM. FIRMIN ROZ et FENARD. 1913. 1 vol. in-8. . . . . 3 fr. 50

Les États-Unis et la France, par E. BOUTROUX, P.-W. BARTLETT, J.-M. BALDWIN, L. BÉNÉDITE, W.-V.-R. BERRY, D'ESTOURNELLES DE CONSTANT, L. GILLET, D.-J. HILL, J.-H. HYDE, MORTON FULLERTON. 1913. 1 vol. in-8, avec 18 planches hors texte . . . . 5 fr.

BIBLIOTHÈQUE SCIENTIFIQUE
INTERNATIONALE

Volumes in-8, cartonnés à l'anglaise.

Sauf indication spéciale, tous ces volumes se vendent 6 francs.

Derniers volumes publiés :

LANESSAN (J.-L. de). **Transformisme et créationisme.**

PEARSON (K.). **La grammaire de la science** (*La Physique*).   9 fr.

CYON (E. de). **L'oreille,** illustré.

CRESSON (A.). **L'espèce et son serviteur.** *Sexualité, moralité.* illustré.

Précédemment parus :

ANDRADE (J.). **Le mouvement,** illustré.

ANGOT. **Les aurores polaires,** illustré.

ARLOING. **Les virus,** illustré.

BAGEHOT. **Lois scientifiques du développement des nations,** 7ᵉ édition.

BAIN (A.). **L'esprit et le corps,** 7ᵉ édition.

— **La science de l'éducation,** 12ᵉ édition.

BENEDEN (Van). **Les commensaux et les parasites dans le règne animal,** 4ᵉ édition, illustré.

BERNSTEIN. **Les sens,** 5ᵉ édition, illustré.

BERTHELOT, de l'Institut. **La synthèse chimique,** 10ᵉ éd.

— **La révolution chimique.** *Lavoisier.* 2ᵉ édition, ill.

BINET. **Les altérations de la personnalité,** 2ᵉ édition.

BINET et FÉRÉ. **Le magnétisme animal,** 5ᵉ éd., illustré.

BOURDEAU (L.). **Histoire du vêtement et de la parure.**

BRUNACHE. **Le centre de l'Afrique.** *Autour du Tchad,* ill.

CANDOLLE (A. de). **Origine des plantes cultivées,** 4ᵉ édit.

CARTAILHAC. **La France préhistorique,** 2ᵉ éd., illustré.

CHARLTON BASTIAN. **L'évolution de la vie,** avec figures dans le texte et 12 planches hors texte.

COLAJANNI. **Latins et Anglo-Saxons.**   9 fr.

CONSTANTIN (Cᵗᵉ). **Le rôle sociologique de la guerre et le sentiment national.**

COOKE et BERKELEY. **Les champignons,** 4ᵉ éd., illustré.

COSTANTIN (J.). **Les végétaux et les milieux cosmiques** (*Adaptation, évolution*), illustré.

— **La nature tropicale,** illustré.

— **Le transformisme appliqué à l'agriculture,** illustré.

CUÉNOT (L.). **La genèse des espèces animales.** (*Couronné par l'Académie des sciences.*) Illustré.   12 fr.

DAUBRÉE, de l'Institut. **Les régions invisibles du globe et des espaces célestes,** 2ᵉ édition, illustré.

DEMENY (G.). **Les bases scientifiques de l'éducation physique,** 5ᵉ éd., illustré.

— **Mécanisme et éducation des mouvements,** 4ᵉ éd. 9 fr.

DEMOOR, MASSART et VANDERVELDE. **L'évolution régressive en biologie et en sociologie**, illustré.

DRAPER. **Les conflits de la science et de la religion**. 12ᵉ éd.

DUMONT (Léon). **Théorie scientifique de la sensibilité**, 4ᵉ éd.

GELLE (E.-M.). **L'audition et ses organes**, illustré.

GRASSET (J.). **Les maladies de l'orientation et de l'équilibre**, illustré.

GROSSE (E.). **Les débuts de l'art**, illustré.

GUIGNET (E.) et E. GARNIER. **La céramique ancienne et moderne**, illustré.

HUXLEY (Th.-H.). **L'écrevisse**, 2ᵉ édition, illustré.

JACCARD. **Le pétrole, le bitume et l'asphalte**, illustré.

JAVAL. **Physiologie de la lecture et de l'écriture**, 2ᵉ éd. illustré.

LAGRANGE (F.). **Physiologie des exercices du corps**, 10ᵉ éd.

LALOY. **Parasitisme et mutualisme dans la nature**, ill.

LANESSAN (de). **Principes de colonisation**.

LE DANTEC. **Théorie nouvelle de la vie**, 5ᵉ éd., illustré.

— **Évolution individuelle et hérédité**, 2ᵉ édit.

— **Les lois naturelles**, illustré.

— **La stabilité de la vie**.

LOEB. **La dynamique des phénomènes de la vie**, ill.   9 fr.

LUBBOCK. **Les sens et l'instinct chez les animaux**, ill.

MALMÉJAC. **L'eau dans l'alimentation**, illustré.

MEUNIER (Stanislas). **La géologie comparée**, illustré.

— **Géologie expérimentale**, 2ᵉ éd., illustré.

— **La géologie générale**, 2ᵉ édit., illustré.

MEYER (de). **Les organes de la parole**, illustré.

MORTILLET (G. de). **Formation de la nation française**, 2ᵉ édition, illustré.

NIEWENGLOWSKI. **La photographie et la photochimie**, illust.

NORMAN LOCKYER. **L'évolution inorganique**, illustré.

PERRIER (Ed.), de l'Institut. **La philosophie zoologique avant Darwin**, 3ᵉ édition.

PETTIGREW. **La locomotion chez les animaux**, 2ᵉ éd., ill.

QUATREFAGES (A. de). **L'espèce humaine**, 15ᵉ édition.

— **Darwin et ses précurseurs français**, 2ᵉ édition.

— **Les émules de Darwin**, 2 vol.

RICHET (Ch.). **La chaleur animale**, illustré.

ROCHÉ. **La culture des mers en Europe**, illustré.

ROUBINOVITCH (Dᵣ J.). **Aliénés et anormaux.** (*Couronné par l'Académie de Médecine*). Illustré.

SCHMIDT. **Les mammifères dans leurs rapports avec leurs ancêtres géologiques**, illustré.

SECCHI (Le Père). **Les étoiles**, 3ᵉ édit., 2 vol. illustrés.

SPENCER (H.) **Introduction à la science sociale**, 14ᵉ éd.

— **Les bases de la morale évolutionniste**, 7ᵉ édition.

STALLO. **La matière et la physique moderne**, 3ᵉ édition.

STARCKE. **La famille primitive**.

STEWART (Balfour). **La conservation de l'énergie**, 6ᵉ éd.

THURSTON. **Histoire de la machine à vapeur**, 3ᵉ éd., 2 vol.

TOPINARD. **L'homme dans la nature**, illustré.

VRIES (H. de). **Espèces et variétés**, 1 vol.   12 fr.

WURTZ, de l'Institut. **La théorie atomique**, 8ᵉ édition.

NOUVELLE COLLECTION SCIENTIFIQUE

DIRECTEUR : ÉMILE BOREL, professeur à la Sorbonne.

VOLUMES IN-16 A 3 FR. 50 L'UN

Derniers volumes publiés.

Le froid industriel, par L. MARCHIS, professeur à la Faculté des sciences de Paris. Avec 104 fig.

Le système du monde *des Chaldéens à Newton,* par J. SAGERET. Avec 20 fig.

L'aviation, par PAUL PAINLEVÉ, ÉMILE BOREL et CH. MAURAIN. 6ᵉ édit., revue et augmentée. Avec figures.

La question de la population, par Paul LEROY-BEAULIEU, membre de l'Institut, professeur au Collège de France. (*Récompensé par l'Institut.*)

Les atomes, par Jean PERRIN, professeur de chimie physique à la Sorbonne. Avec gravures. 4ᵉ édit.

Le Maroc physique, par L. GENTIL, prof. adjoint à la Sorbonne, directeur de l'Institut de recherches scientifiques de Rabat. Avec cartes.

Précédemment parus.

Éléments de philosophie biologique, par F. LE DANTEC, chargé du cours de biologie générale à la Sorbonne. 3ᵉ éd.

La voix. *Sa culture physiologique. Théorie nouvelle de la phonation,* par le Dʳ P. BONNIER. Avec grav. 4ᵉ éd.

De la méthode dans les sciences (*1ʳᵉ série*) :
    Avant-propos, par P.-F. THOMAS. — *De la science,* par ÉMILE PICARD. — *Mathématiques pures,* par J. TANNERY. — *Mathématiques appliquées,* par P. PAINLEVÉ. — *Physique générale,* par M. BOUASSE. — *Chimie,* par M. JOB. — *Morphologie générale,* par A. GIARD. — *Physiologie,* par F. LE DANTEC. — *Sciences médicales,* par PIERRE DELBET. — *Psychologie,* par TH. RIBOT. — *Sciences sociales,* par E. DURKHEIM. — *Morale,* par L. LÉVY-BRUHL. — *Histoire,* par G. MONOD. 2ᵉ éd.

De la Méthode dans les sciences (*2ᵉ série*) :
    Avant-propos, par ÉMILE BOREL. — *Astronomie, jusqu'au milieu du XVIIIᵉ siècle,* par B. BAILLAUD. — *Chimie physique,* par JEAN PERRIN, — *Géologie,* par LÉON BERTRAND. — *Paléobotanique,* par R. ZEILLER. — *Botanique,* par LOUIS BLARINGHEM. — *Archéologie,* par SALOMON REINACH. — *Histoire littéraire,* par GUSTAVE LANSON. — *Statistique,* par LUCIEN MARCH. — *Linguistique,* par A. MEILLET. 2ᵉ édition.

L'éducation dans la famille. *Les péchés des parents,* par P.-F. THOMAS, professeur au lycée Hoche. 4ᵉ édit. (*Couronné par l'Institut.*)

La crise du transformisme, par F. LE DANTEC. 2ᵉ édit.

L'énergie, par W. OSTWALD, professeur honoraire à l'Université de Leipzig (*prix Nobel de 1909*), traduit de l'allemand par E. PHILIPPI, 3ᵉ édit.

Les états physiques de la matière, par CH. MAURAIN, professeur à la Faculté des Sciences de Caen. 2ᵉ édit. avec figures.

La chimie de la matière vivante, par JACQUES DUCLAUX, préparateur à l'Institut Pasteur. 2ᵉ édit.

La race slave, *statistique, démographie, anthropologie,* par L. NIEDERLE, professeur à l'Université de Prague. Traduit et précédé d'une préface par L. LEGER, de l'Institut. Avec une carte en couleurs hors texte.

L'évolution des théories géologiques, par STANISLAS MEUNIER, professeur au Muséum d'Histoire naturelle. Avec gravures.

Le transformisme et l'expérience, par E. RABAUD, maître de conférences à la Sorbonne. Avec gravures.

L'évolution de l'électrochimie, par W. OSTWALD, professeur honoraire à l'Université de Leipzig. Traduit de l'allemand par E. PHILIPPI.

L'artillerie de campagne. *Son histoire, son évolution, son état actuel,* par E. BUAT, lieutenant-colonel d'artillerie. Avec 75 grav.

Science et philosophie, par J. TANNERY, de l'Institut. Avec une notice par E. BOREL.

COLLECTION MÉDICALE

ÉLÉGANTS VOLUMES IN-12, CARTONNÉS A L'ANGLAISE, A 6, 4 ET 3 FRANCS

DERNIERS VOLUMES PUBLIÉS :

Bréviaire de l'arthritique, par le Dr M. DE FLEURY, membre de l'Académie de médecine. 4 fr.

Manuel de pathologie. *A l'usage des sages-femmes et des mères*, par le Dr H. DUFOUR, médecin de l'hôpital de la Maternité, avec 53 grav. dans le texte et 14 planches en couleur hors texte. 6 fr.

La médecine préventive du premier âge, par le Dr P. LONDE, ancien interne des hôpitaux de Paris. 4 fr.

Manuel de psychiatrie, par le Dr ROGUES DE FURSAC, médecin en chef des asiles de la Seine. 4e édit., revue et augmentée. 4 fr.

La démence précoce. *Étude psychologique, médicale et médico-légale*, par le Dr CONSTANZA PASCAL, médecin des asiles publics d'aliénés. 4 fr.

Hygiène de l'alimentation dans l'état de santé et de maladie, par le Dr J. LAUMONIER, avec gravures. 4e édition entièrement refondue. 4 fr.

PRÉCÉDEMMENT PARUS :

Manuel de pratique obstétricale à l'usage des sages-femmes, par le Dr E. PAQUY, avec 107 gravures dans le texte. 4 fr.

Essais de médecine préventive, par le Dr P. LONDE. 4 fr.

La joie passive, par le Dr R. MIGNARD. Préface du Dr G. DUMAS. 4 fr.

Guide pratique de puériculture, à l'usage des docteurs en médecine et des sages-femmes, par le Dr DELÉARDE. 4 fr.

La mimique chez les aliénés, par le Dr G. DROMARD. 4 fr.

L'amnésie, par les Drs G. DROMARD et J. LEVASSORT. 4 fr.

La mélancolie, par le Dr R. MASSELON, médecin adjoint à l'asile de Clermont. (*Couronné par l'Académie de médecine.*) 4 fr.

Essai sur la puberté chez la femme, par Mlle le Dr MARTHE FRANCILLON, ancien interne des hôpitaux de Paris. 4 fr.

Les nouveaux traitements, par le Dr J. LAUMONIER. 2e éd. 4 fr.

Les embolies bronchiques tuberculeuses, par le D^r CH. SABOURIN, médecin du sanatorium de Durtol, avec gravures. 4 fr.

Manuel d'électrothérapie et d'électrodiagnostic, par E. ALBERT-WEIL. Av. 88 grav. *Cour. par l'Acad. de méd.* 2e éd. 4 fr.

La mort réelle et la mort apparente, *diagnostic et traitement de la mort apparente*, par le Dr S. ICARD, avec gravures. 4 fr.

L'hygiène sexuelle et ses conséquences morales, par le Dr S. RIBBING, prof. à l'Univ. de Lund (Suède). 4e édit. 4 fr.

Hygiène de l'exercice chez les enfants et les jeunes gens, par le Dr F. LAGRANGE, lauréat de l'Institut. 9e édit. 4 fr.

De l'exercice chez les adultes, par *le même*. 7e édition. 4 fr.

Hygiène des gens nerveux, par le Dr LEVILLAIN, avec gravures. 6e éd. 4 fr.

L'éducation rationnelle de la volonté. *Son emploi thérapeutique*, par le Dr PAUL-EMILE LÉVY. Préface de M. le prof. BERNHEIM. 8e édition. **4 fr.**

L'idiotie. *Psychologie et éducation de l'idiot*, par le Dr J. VOISIN, médecin de la Salpêtrière, avec gravures. **4 fr.**

La famille névropathique, *Hérédité, prédisposition morbide, dégénérescence*, par le D^r CH. FÉRÉ, médecin de Bicêtre. Avec gravures. 2e édition. **4 fr.**

L'instinct sexuel. *Évolution, dissolution*, par le même. 3e éd. **4 fr.**

Le traitement des aliénés dans les familles, par le même. 3e édition. **4 fr.**

L'hystérie et son traitement, par le Dr PAUL SOLLIER. 2e éd. **4 fr.**

Manuel de percussion et d'auscultation, par le Dr P. SIMON, professeur à la Faculté de médecine de Nancy, avec grav. **4 fr.**

La fatigue et l'entraînement physique, par le D^r PH. TISSIÉ. avec gravures. Préface de M. le prof. BOUCHARD. 3e édition. **4 fr.**

Les maladies de la vessie et de l'urèthre chez la femme, par le Dr KOLISCHER ; trad. de l'allemand par le Dr BEUTTNER, de Genève; avec gravures. **4 fr.**

Grossesse et accouchement, *Étude de socio-biologie et de médecine légale* par le Dr G. MORACHE, professeur de médecine légale à l'Université de Bordeaux. **4 fr.**

Naissance et mort, *Étude de socio-biologie et de médecine légale*, par le même. **4 fr.**

La responsabilité, *Étude de socio-biologie et de médecine légale*, par le Dr G. MORACHE, prof. de médecine légale à l'Université de Bordeaux, associé de l'Académie de médecine. **4 fr.**

Traité de l'intubation du larynx *de l'enfant et de l'adulte, dans les sténoses laryngées aiguës et chroniques*, par le Dr A. BONAIN, avec 42 gravures. **4 fr.**

Pratique de la chirurgie courante, par le Dr M. CORNET, Préface du Pr OLLIER, avec 111 gravures. **4 fr.**

Dans la même collection :

COURS DE MÉDECINE OPÉRATOIRE
de M. le Professeur Félix Terrier :

Petit manuel d'antisepsie et d'asepsie chirurgicales, par les Drs FÉLIX TERRIER, professeur à la Faculté de médecine de Paris, et M. PÉRAIRE, ancien interne des hôpitaux, avec grav. **3 fr.**

Petit manuel d'anesthésie chirurgicale, par *les mêmes*, avec 37 gravures. **3 fr.**

L'opération du trépan, par *les mêmes*, avec 222 grav. **4 fr.**

Chirurgie de la face, par les Drs FÉLIX TERRIER, GUILLEMAIN et MALHERBE, avec gravures. **4 fr.**

Chirurgie du cou, par *les mêmes*, avec gravures. **4 fr.**

Chirurgie du cœur et du péricarde, par les Drs FÉLIX TERRIER et E. REYMOND, avec 79 gravures. **3 fr.**

Chirurgie de la plèvre et du poumon, par *les mêmes*, avec 67 gravures. **4 fr.**

MÉDECINE

Dernières publications :

ALBERT-WEIL (E.). **Éléments de radiologie.** *Diagnostic et thé-*
rapeutique par les rayons X. 1 vol. grand in-8, avec 261 fig.   15 fr.
BEURMANN (de) ET GOUGEROT. **Les sporotrichoses.** 1 fort vol.
gr. in-8 avec 181 fig. et 8 planches. (*Cour. par l'Acad. de méd.*) 20 fr.
BONNIER (P.). **L'action directe sur les centres nerveux.** *Cen-*
trothérapie. 1 vol. in-8, avec fig.   5 fr.
— **L'anxiété.** *Etats anxieux. Trac. Phobies. Obsessions. Mélancolie.*
Dépression. Aboulie. Neurasthénie. 1 vol. in-8, avec fig.   1 fr.
DELBET (P.) et MOCQUOT (P.). **Varices du membre inférieur.**
Pathogénie et traitement. 1 vol. in-8, avec 20 pl. h. t. en noir et en coul.
et 101 fig. (*Annales de la clinique chirurgicale du prof. P. Delbet,*
t. II.)   18 fr.
HALLOPEAU (Paul), chirurgien des Hôpitaux de Paris. **La désarti-**
culation temporaire dans le traitement des tuberculoses
du pied. 1 vol. in-8, avec 35 planches hors texte (*Annales de la*
clinique chirurgicale du professeur Pierre Delbet, t. I). (*Recomp. par*
l'Acad. de méd.)   10 fr.
Manuel pratique de Kinésithérapie. Publié en 7 fascicules in-8
se vendant séparément ou en 2 forts vol. in-8, *ensemble.*   25 fr.
Fascicule I. *Le rôle thérapeutique du mouvement. Notions générales*
(WETTERWALD). *Maladies de la circulation* (E. ZANDER J^{or}).
Avec 75 figures.   3 fr.
—   II. *Gynécologie* (H. STAPFER). 1 vol. in-8, avec 12 fig.   4 fr.
— III. *Maladies respiratoires (méthode de l'exercice physiologique*
de la respiration) (G. ROSENTHAL). Avec 50 figures.   5 fr.
—   IV. *Kinésithérapie orthopédique* (R. MESNARD). Av. 91 fig. 3 fr.
—   V. *Maladies de la nutrition* (WETTERWALD). *Maladies de*
la peau (R. LEROY). Avec 47 figures.   4 fr.
—   VI. *Les traumatismes et leurs suites* (L. DUREY). Avec
32 figures.   4 fr.
— VII. *La rééducation motrice* (R. HIRSCHBERG). Avec 38 fig. 3 fr.
LEWIS (Th.), professeur à l'Ecole de médecine de Londres. **Les dé-**
sordres cliniques du battement du cœur. Trad. par P. CHAUVET.
Préf. du prof. J. TEISSIER. 1 vol. in-8 écu, avec 47 fig.   3 fr. 50
OBERLAENDER (F.-M.) ET KOLLMANN (A.). **La blennorrhagie**
chronique et ses complications. Traduit par le Dr C. LEPOUTRE.
1 vol. gr. in-8 avec 178 fig. et 3 planches en couleurs hors texte. 15 fr.
STEWART (Dr PURWES). **Le diagnostic des maladies nerveuses.**
Traduction et adaptation française, par le Dr GUSTAVE SCHERB. Préface
de M. le Dr E. HELME. 1 vol. in-8 avec 208 fig. et diagrammes. 15 fr.

PRÉCÉDEMMENT PARUS :

Pathologie et thérapeutique médicales.

CAMUS ET PAGNIEZ. **Isolement et psychothérapie.** *Traitement*
de la neurasthénie. Préface du Pr DÉJERINE. 1 vol. gr. in-8.   9 fr.
Conférence internationale du cancer (2e). Tenue à Paris du
1er au 5 octobre 1910. Travaux publiés sous la direction de M. le Prof.
Pierre DELBET et du Dr R. LEDOUX-LEBARD. 1 vol. gr. in-8.   20 fr.
CORNIL (V.), RANVIER, BRAULT ET LETULLE. **Manuel d'histo-**
logie pathologique. 3e édition, entièrement remaniée.
TOME I, par MM. RANVIER, CORNIL, BRAULT, F. BEZANÇON et
M. CAZIN. *Histologie normale. Cellules et tissus normaux. Géné-*
ralités sur l'histologie pathologique. Altération des cellules et
des tissus. Inflammations. Tumeurs. Notions sur les bactéries.
Maladies des systèmes et des tissus. Altérations du tissu conjonc-
tif. 1 vol. in-8, avec 387 grav. en noir et en coul.   25 fr.

Tome II, par MM. Durante, Jolly, Dominici, Gombault et Philippe. *Muscles. Sang et hématopoïèse. Généralités sur le système nerveux.* 1 vol. in-8, avec 278 grav. en noir et en couleurs.   **25 fr.**

Tome III, par MM. Gombault, Nageotte, A. Riche, R. Marie, Durante, Legry, F. Bezançon. *Cerveau. Moelle. Nerfs. Cœur. Larynx. Ganglion lymphatique. Rate.* 1 vol. in-8, avec 382 grav. en noir et en couleurs.   **35 fr.**

Tome IV et dernier, par MM. Milian, Dieulafé, Decloux, Ribadeau, Dumas, Critzmann, Courcoux, Brault, Legry, Hallé, Klippel et Lefas. *Poumon. Bouche. Tube digestif. Estomac. Intestin. Foie. Rein. Vessie et urèthre. Pancréas.* 2 vol. in-8.   **45 fr.**

DESCHAMPS (A.). **Les maladies de l'énergie.** *Les asthénies générales. Épuisements, insuffisances, inhibitions.* (Clinique et Thérapeutique). Préface de M. le professeur Raymond. 1 vol. In-8. 2ᵉ édit. **8 fr.**

DUBUISSON (P.) et VIGOUROUX (A.). **Responsabilité pénale et folie.** 1 vol. in-8.   **7 fr. 50**

FINGER (E.). **La syphilis et les maladies vénériennes.** Trad. par les Drs Spillmann et Doyon. 3ᵉ édit. Avec 8 pl. h. texte. **12 fr.**

FLEURY (M. de), de l'Académie de médecine. **Introduction à la médecine de l'esprit.** 9ᵉ édit. 1 vol. in-8.   **7 fr. 50**

— **Les grands symptômes neurasthéniques.** 4ᵉ éd. In-8. 7 fr. 50

— **Manuel pour l'étude des maladies du système nerveux.** 1 vol. gr. in-8, avec 132 grav. en noir et en couleurs, cart. à l'angl. **25 fr.**

FRENKEL (H. S.). **L'ataxie tabétique.** 1 vol. in-8.   **8 fr.**

HARTENBERG (P.). **Psychologie des neurasthéniques.** 2ᵉ édition. 1 vol. in-16.   **3 fr. 50**

— **L'hystérie et les hystériques.** 1 vol. in-16.   **3 fr. 50**

JANET (P.) et RAYMOND (F.). **Névroses et idées fixes.** Tome I. *Études expérimentales*, par P. Janet. 2ᵉ éd. 1 vol. gr. in-8 avec 68 gr. 12 fr.; Tome II. *Fragments des leçons cliniques*, par F. Raymond et P. Janet. 2ᵉ éd. 1 vol. grand in-8, avec 97 grav. 14 fr. (*Couronné par l'Académie des Sciences et par l'Académie de médecine.*)

JANET (P.) et RAYMOND (F.). **Les obsessions et la psychasthénie.** Tome I. — *Études cliniques et expérimentales*, par P. Janet. 2ᵉ édit. 1 vol. gr. in-8, avec grav. dans le texte. 18 fr.; Tome II. — *Fragments des leçons cliniques*, par F. Raymond et P. Janet. 2ᵉ édit. 1 vol. in-8 raisin, avec 22 gravures dans le texte.   **14 fr.**

JANET (Dr Pierre). **L'état mental des hystériques.** 2ᵉ édition. 1 vol. in-8, avec gravures dans le texte.   **18 fr.**

JOFFROY (le prof.) et DUPOUY. **Fugues et vagabondage.** 1 vol. in-8.   **7 fr.**

LABADIE-LAGRAVE et LEGUEU. **Traité médico-chirurgical de gynécologie.** 4ᵉ éd., remaniée. 1 vol. in-8, avec fig., cart. **25 fr.**

LE DANTEC (F.). **Introduction à la pathologie générale.** 1 fort vol. gr. in-8.   **15 fr.**

LEPINE (le prof. R.). **Le diabète sucré.** 1 vol. gr. in-8.   **16 fr.**

MACKENSIE (Dr J.). **Les maladies du cœur.** Traduit par le Dr Françon. Préface du Dr H. Vaquez. 1 vol. in-8 avec 280 fig. 15 fr.

MARIE (Dr A.). **Traité international de psychologie pathologique.** Tome I : *Psychopathologie générale*, par MM. les Prs Grasset, Del Greco, Dr A. Marie, Prof. Mally, Mingazzini, Drs Dide, Klippel, Levaditi, Lugaro, Marinesco, Médéa, L. Lavastine, Prof. Marro, Clouston, Bechterew, Ferrari, Prof. Carrarra. 1 vol. gr. in-8, avec 353 gr. dans le texte.   **25 fr.**

Tome II : *Psychopathologie clinique*, par MM. les Prs Bagenoff, Bechterew, Drs Colin, Capgras, Deny, Hesnard, Lhermitte, Magnan, A. Marie, Prs Pick, Pilcz, Drs Riche, Roubinovitch, Sérieux, Sollier, Pr Ziehen. 1 vol. gr. in-8, avec 341 gr. 25 fr.

TOME III ET DERNIER. *Psychologie appliquée*, par MM. les Prof.
BAGENOFF, BIANCHI, SIKORSKY, G. DUMAS, HAVELOCK-ELLIS.
Dᵣˢ CULLERRE, A. MARIE, DEXLER, Prof. SALOMONSEN. 1 vol. gr.
in-8 avec grav.

MOSSÉ. **Le diabète et l'alimentation aux pommes de terre.**
1 vol. in-8.   5 fr.

REVAULT D'ALLONNES (Dᵣ G.). **L'affaiblissement intellectuel
chez les déments.** 1 vol. in-8.   5 fr.

SERIEUX et CAPGRAS. **Les folies raisonnantes.** 1 vol. in-8. 7 fr.

SOLLIER (P.). **Genèse et nature de l'hystérie.** 2 vol. in-8. 20 fr.

Pathologie et thérapeutique chirurgicales.

BOECKEL (J. et A.). **Des fractures du rachis cervical sans
symptômes médullaires.** 1 vol. in-8 avec pl. (*Cour. par l'Acad. de
méd.*).   8 fr.

CORNIL (le prof. V.). **Les tumeurs du sein.** 1 vol. gr. in-8, avec
169 fig. dans le texte.   12 fr.

DURET (H.). **Les tumeurs de l'encéphale.** *Manifestations et chirurgie.* 1 fort vol. gr. in-8, avec 300 figures.   20 fr.

ESTOR (le prof.). **Guide pratique de chirurgie infantile.** 1 vol.
in-8, avec 165 gravures. 2ᵉ édition, revue et augmentée.   8 fr.

HENNEQUIN et LOEWY. **Les luxations des grandes articula-
tions**, *leur traitement pratique.* 1 vol. in-8, avec 125 gr. 16 fr.

LE DAMANY (Dᵣ P.). **La luxation congénitale de la hanche.**
1 fort vol. gr. in-8 avec 486 fig.   15 fr.

LEGUEU (Prof. F.). **Traité chirurgical d'urologie.** Préface de
M. le Prof. GUYON. 1 fort vol. gr. in-8 de VIII-1382 p., avec 663 grav.
dans le texte et 8 pl. en couleurs hors texte, cartonné à l'angl. 40 fr.

— **Leçons de clinique chirurgicale** (Hôtel-Dieu, 1901). 1 vol.
grand in-8, avec 71 gravures dans le texte.   12 fr.

MONOD (Pᵣ Ch.) ET VANVERTS (J.). **Chirurgie des artères,** *Rapport
au XXIIᵉ Congrès de chirurgie.* 1 vol. in-8.   2 fr.

NIMIER (H.). **Blessures du crâne et de l'encéphale par coup
de feu.** 1 vol. in-8, avec 150 fig.   15 fr.

NIMIER (H.) ET LAVAL. **Les projectiles de guerre.** 1 v. in-12, av. gr. 3 fr.

— **Les explosifs, les poudres, les projectiles d'exercice,** *leur
action et leurs effets vulnérants.* 1 vol. in-12, avec grav. 3 fr.

— **Les armes blanches,** *leur action et leurs effets vulnérants.* 1 vol.
in-12, avec grav.   6 fr.

— **De l'infection en chirurgie d'armée.** 1 v. in-12, avec gr. 6 fr.

— **Traitement des blessures de guerre.** 1 vol. in-12, ill. 6 fr.

REVERDIN (Pᵣ J.-L.). **Leçons de chirurgie de guerre.** *Des blessures
faites par les balles des fusils.* 1 vol. in-8, avec 7 pl. 7 fr. 50

TERRIER (F.) ET AUVRAY (M.). **Chirurgie du foie et des voies
biliaires.** — TOME I. *Traumatismes du foie et des voies biliaires.* —
Foie mobile. — *Tumeurs du foie et des voies biliaires.* 1 vol. gr. in-8,
avec 50 gravures.   10 fr.

TOME II. *Echinococcose hydatique commune.* — *Kystes alvéolaires.*
— *Suppurations hépatiques.* — *Abcès tuberculeux intra-hépatique.* —
Abcès de l'actinomycose. 1 vol. gr. in-8, avec 47 gravures. 12 fr.

Thérapeutique. Pharmacie. Hygiène.

BOSSU. **Petit compendium médical.** 6ᵉ éd. 1 v. in-32, cart. 1 fr. 25

BOUCHARDAT. **Nouveau formulaire magistral.** 34ᵉ édition.
Collationnée avec le Codex de 1908. 1 vol. in-18, cart. 4 fr.

BOUCHARDAT ET DESOUBRY. **Formulaire vétérinaire,** 6ᵉ édit.
1 vol. in-18, cartonné.   4 fr.

BOUCHUT ᴇᴛ DESPRÉS. **Dictionnaire de médecine et de théra-peutique médicale et chirurgicale,** mis au courant de la science par les Dʳˢ MARION et F. BOUCHUT. 7ᵉ édition, très augmentée, 1 vol. in-4, avec 1097 fig. dans le texte et 3 cartes. Broché, 25 fr. ; relié. 30 fr.

HARTENBERG (Dʳ P.). **Traitement des neurasthéniques,** 1 vol. in-16.   3 fr. 50

LAGRANGE (F.). **La médication par l'exercice.** 1 vol. grand in-8, avec 68 grav. et une carte en couleurs. 3ᵉ éd.   12 fr.

— **Les mouvements méthodiques et la « mécanothérapie ».** 1 vol. in-8, avec 55 gravures.   10 fr.

LAGRANGE (F.). **Le traitement des affections du cœur par l'exercice et le mouvement.** 1 vol. in-8 avec figures.   6 fr.

— **La fatigue et le repos.** 1 vol. in-8, publié avec le concours du Dʳ ᴅᴇ GRANDMAISON. 1 vol. in-8.   6 fr.

LAHOR (Dʳ Cᴀᴢᴀʟɪs) et Lucien GRAUX. **L'alimentation à bon marché saine et rationnelle.** 1 vol. in-16. 2ᵉ édit.   3 fr. 50

LÉVY (Dʳ P.-E.). **Neurasthénie et névroses.** *Leur guérison défini-tive en cure libre.* 2ᵉ édit. 1 vol. in-16.   5 fr.

RICHET (Pʳ Cʜ.). **L'anaphylaxie.** 2ᵉ édit. 1 vol. in-16.   3 fr. 50

UNNA. **Thérapeutique des maladies de la peau.** Traduit de l'allemand par les Dʳˢ DOYON ét SPILLMANN. 1 vol. gr. in-8.   8 fr.

Anatomie. Physiologie.

BELZUNG. **Anatomie et physiologie animales.** 12ᵉ édition, revue. 1 fort vol. in-8, avec 613 grav. dans le texte, broché, 6 fr.; cart. 7 fr.

CHASSEVANT. **Précis de chimie physiologique.** 1 vol. gr. in-8, avec figures.   10 fr.

CYON (E. ᴅᴇ). **Les nerfs du cœur.** 1 vol. gr. in-8 avec fig.   6 fr.

DEBIERRE. **Atlas d'ostéologie.** 1 vol. in-4, avec 253 grav. en noir et en couleurs, cart. toile dorée.   12 fr.

DEMENY (G.). **Mécanisme et éducation des mouvements.** 4ᵉ éd. 1 vol. in-8, avec grav. cart.   9 fr.

DUPOUY (R.). **Les opiomanes.** *Mangeurs, buveurs et fumeurs d'opium.* 1 vol. in-8.   5 fr.

GELLÉ. **L'audition et ses organes.** 1 vol. in-8, avec grav. . 6 fr.

GLEY (E.). **Études de psychologie physiologique et patho-logique.** 1 vol. in-8, avec gravures.   5 fr.

JAVAL (E.). **Physiologie de la lecture et de l'écriture.** 1 vol. in-8. 2ᵉ édit.   6 fr.

LE DANTEC. **L'unité dans l'être vivant.** *Essai d'une biologie chimique.* 1 vol. in-8.   7 fr. 50

— **Les limites du connaissable.** *La vie et les phénomènes naturels.* 2ᵉ édit. 1 vol. in-8.   3 fr. 75

— **Traité de biologie.** 3ᵉ éd. 1 vol. grand in-8, avec fig. 15 fr.

RICHET (Ch.), professeur à la Faculté de médecine de Paris, **Diction-naire de physiologie,** publié avec le concours de savants français et étrangers. Formera 12 à 15 volumes grand in-8, se composant chacun de 3 fascicules; chaque volume, 25 fr.; chaque fascicule, 8 fr. 50. Huit volumes parus.

     Tᴏᴍᴇ I (*A-Bac*). — Tᴏᴍᴇ II (*Bac-Cer*). — Tᴏᴍᴇ III (*Cer-Cob*). — Tᴏᴍᴇ IV (*Cob-Dig*). — Tᴏᴍᴇ V (*Dig-Fac*). — Tᴏᴍᴇ VI (*Fiam-Gal*). — Tᴏᴍᴇ VII (*Gal-Gra*). — Tᴏᴍᴇ VIII (*Gra-Hys*).

SNELLEN. **Échelle typographique pour mesurer l'acuité de la vision.** 17ᵉ édition.   4 fr.

REVUE DE MÉDECINE

Directeurs : MM. les Professeurs BOUCHARD, de l'Institut ; CHAUFFARD, CHAUVEAU, de l'Institut ; LANDOUZY, de l'Institut ; LÉPINE, correspondant de l'Institut ; PITRES ; ROGER et VAILLARD. Rédacteurs en chef : MM. LANDOUZY et LÉPINE. Secrétaire de la Rédaction : JEAN LÉPINE. Secrétaire adjoint : R. DEBRÉ.

REVUE DE CHIRURGIE

Directeurs : MM. les Professeurs E. QUÉNU, PIERRE DELBET, PIERRE DUVAL, F. LEJARS, A. DESMONS, F. GROSS, E. FORGUE, VINCENT, ALEXANDRE BÉRARD. Rédacteur en chef : E. QUÉNU. Secrétaire de la rédaction : X. DELORE.

La *Revue de médecine* et la *Revue de chirurgie* paraissent tous les mois ; chaque livraison de la *Revue de médecine* contient de 5 à 6 feuilles grand in-8, *avec gravures* ; chaque livraison de la *Revue de chirurgie* contient de 10 à 14 feuilles grand in-8, *avec gravures*.

33ᵉ année, 1914.

PRIX D'ABONNEMENT :

Pour la **Revue de Médecine**. Un an, du 1ᵉʳ janvier, Paris. **20 fr.** — Départements et étranger. **23 fr.** — La livraison : **2 fr.**

Pour la **Revue de Chirurgie**. Un an, du 1ᵉʳ janvier, Paris. **30 fr.** — Départements et étranger. **33 fr.** — La livraison : **3 fr.**

Les **deux Revues** réunies : un an, Paris, **45 fr.** ; départ. et étranger. **50 fr.**

JOURNAL DE L'ANATOMIE
et de la Physiologie normales et pathologiques
de l'homme et des animaux.

Rédacteurs en chef : MM. les professeurs RETTERER et TOURNEUX. Avec le concours de MM. BRANCA, G. LOISEL et A. SOULIÉ.

50ᵉ année, 1914. — PARAIT TOUS LES DEUX MOIS.

ABONNEMENT, un an. : Paris, **30 fr.** ; départ et étr., **33 fr.** La livr. **6 fr.**

JOURNAL DE PSYCHOLOGIE
normale et pathologique

DIRIGÉ PAR LES DOCTEURS

PIERRE JANET   ET   G. DUMAS
Membre de l'Institut,   Professeur à la Sorbonne.
Professeur au Collège de France.

11ᵉ année, 1914. — PARAIT TOUS LES DEUX MOIS.

ABONNEMENT, un an, du 1ᵉʳ janvier, **14 fr.** — La livraison, **2 fr. 60**

Le prix est de 12 fr. pour les abonnés de la Revue philosophique.

REVUE ANTHROPOLOGIQUE

faisant suite à la *Revue de l'École d'Anthropologie de Paris.*

Recueil mensuel publié par les professeurs de l'Ecole d'Anthropologie.

ABONNEMENT, un an, du 1ᵉʳ janvier : France et Etranger, **10 fr**

La livraison, **1 fr.**

ÉCONOMIE POLITIQUE — SCIENCE FINANCIÈRE

COLLECTION DES ÉCONOMISTES
ET PUBLICISTES CONTEMPORAINS
FORMAT IN-8.

VOLUMES RÉCEMMENT PUBLIÉS

ARNAUNÉ (A.), ancien directeur de la Monnaie, conseiller maître à la Cour des Comptes, membre de l'Institut. **La monnaie, le crédit et le change.** 5ᵉ édition, revue et augmentée. 1 vol. in-8. . . . . . **8 fr.**
— **Le commerce extérieur et les tarifs de douane.** 1 vol. in-8. . **8 fr.**
BLOCH (R.) et CHAUMEL (H). **Traité théorique et pratique des conseils de Prud'hommes.** 1 vol. in-8. . . . . **12 fr.**
LEROY-BEAULIEU (P.), de l'Institut. **Traité de la science des finances.** 8ᵉ édition, revue et augmentée. 2 forts vol. in-8 . . . . **25 fr.**
MARTIN (E.). **Histoire financière et économique de l'Angleterre (1066-1902).** 2 vol. in-8. . . . . **20 fr.**
PINOT (P.) et COMOLET-TIRMAN (J.). **Traité des retraites ouvrières.** 2ᵉ éd., revue et mise à jour. 1 vol. in-8. . . . . **6 fr.**
RAFFALOVICH (A.). **Le marché financier (1912-1913).** 1 vol. gr. in-8. **15 fr.**

PRÉCÉDEMMENT PARUS

ANTOINE (Ch.). **Cours d'économie sociale.** 4ᵉ édition, revue et augmentée. 1 vol. in-8. . . . . **9 fr.**
BLUNTSCHLI. **Théorie générale de l'Etat,** traduit de l'allemand par M. DE RIEDMATTEN. 3ᵉ édition. 1 vol. in-8. . . . . **9 fr.**
COLSON (C.), de l'Institut. **Cours d'économie politique,** professé à l'Ecole nationale des ponts et chaussées.
    Livre I. — *Théorie générale des phénomènes économiques.* 2ᵉ édition revue et augmentée. . . . . **6 fr.**
    — II. — *Le travail et les questions ouvrières.* 3ᵉ tirage. . . 6 fr.
    — III. — *La propriété des biens corporels et incorporels.* 2ᵉ tirᵉ. 6 fr.
    — IV. — *Les entreprises, le commerce et la circulation.* 2ᵉ tirᵉ. 6 fr.
    — V. — *Les finances publiques et le budget de la France.* . 6 fr.
    — VI. — *Les travaux publics et les transports.* . . . . 6 fr.
— SUPPLÉMENT ANNUEL aux *Livres IV, V et VI* (1911), broch. in-8. 1 fr.
COURCELLE-SENEUIL, de l'Institut. **Traité théorique et pratique d'économie politique.** 3ᵉ édition, revue et corrigée. 2 vol. in-18. 7 fr.
— **Traité théorique et pratique des opérations de banque.** *Dixième édition, revue et mise à jour,* par A. LIESSE, professeur au Conservatoire des arts et métiers. 1 vol. in-8. . . . . 9 fr.
COURTOIS (A.). **Histoire des banques en France.** 2ᵉ édition. 1 v. in-8. 8 fr. 50
EICHTHAL (Eugène d'), de l'Institut. **La formation des richesses et ses conditions sociales actuelles,** *notes d'économie politique.* . . 7 fr. 50
FIX (Th.). **Observations sur l'état des classes ouvrières.** In-8. . 5 fr.
HAUTEFEUILLE. **Des droits et des devoirs des nations neutres en temps de guerre maritime.** 3ᵉ édit. refondue. 3 forts vol. in-8. 22 fr. 50
— **Histoire des origines, des progrès et des variations du droit maritime international.** 2ᵉ édition. 1 vol. in-8. . . . . 7 fr. 50
LEROY-BEAULIEU (P.), de l'Institut. **Traité théorique et pratique d'économie politique.** 5ᵉ édition revue et augmentée. 5 vol. in-8. . 36 fr.
— **Essai sur la répartition des richesses et sur la tendance à une moindre inégalité des conditions.** 3ᵉ édit., revue et corrigée. 1 vol. in-8. 9 fr.
— **L'Etat moderne et ses fonctions.** 4ᵉ édition. 1 vol. in-8. . . . 9 fr.
— **Le collectivisme,** *examen critique du nouveau socialisme.* — *L'Evolution du Socialisme depuis 1895.* — *Le syndicalisme.* 5ᵉ édit., revue et augmentée. 1 vol. in-8. . . . . 9 fr.
— **De la colonisation chez les peuples modernes.** 6ᵉ édition. 2 vol. in-8. 20 fr.
LIESSE (A.), professeur au Conservatoire national des arts et métiers, **Le travail** *aux points de vue scientifique, industriel et social.* 1 vol. in-8. . . . . 7 fr 50

MARTIN-SAINT-LÉON (E.), conservateur de la bibliothèque du Musée Social. **Histoire des corporations de métiers,** *depuis leurs origines jusqu'à leur suppression en 1791.* 2ᵉ éd., revue. 1 fort vol. in-8. *(Couronné par l'Académie française)* . . . . 10 fr.

NEYMARCK (A.). **Finances contemporaines.** — Tome I. *Trente années financières, 1872-1901.* 1 vol. in-8, 7 fr. 50. — Tome II. *Les budgets, 1872-1903.* 1 vol. in-8, 7 fr. 50. — Tome III. *Questions économiques et financières, 1872-1904.* 1 vol. in-8, 10 fr. — Tomes IV-V : *L'obsession fiscale, questions fiscales, propositions et projets relatifs aux impôts depuis 1871 jusqu'à nos jours.* 2 vol. in-8. — Tomes VI et VII. *L'épargne française et les valeurs mobilières (1872-1910).* 2 vol. in-8. . . 15 fr.

NOVICOW (J.). **Le problème de la misère et les phénomènes économiques naturels.** 1 vol. in-8. . . . . 7 fr. 50

PASSY (H.), de l'Institut. **Des formes de gouvernement et des lois qui les régissent.** 2ᵉ édition. 1 vol. in-8. . . . . 7 fr. 50

PAUL-BONCOUR. **Le fédéralisme économique et le syndicalisme obligatoire,** préface de Waldeck-Rousseau. 1 vol. in-8. 2ᵉ édit. . . 6 fr.

RAFFALOVICH (A.). **Le marché financier.** Années 1891. 1 vol. 5 fr. ; 1892, 1 vol. 5 fr. ; 1893 à 1894, *épuisés* ; 1894-1895 à 1896-1897, chacune 1 vol. 7 fr. 50 ; 1897-1898 et 1898-1899, chacune 1 vol. 10 fr. ; 1899-1900 à 1901-1902, *épuisés* ; 1902-1903 à 1911-1912, chacune 1 vol. . . . 12 fr. ; 1912-1913. . . . . 15 fr.

RICHARD (A.). **L'organisation collective du travail,** préface par Yves Guyot. 1 vol. grand in-8. . . . . 6 fr.

ROSSI (P.), de l'Institut. **Cours d'économie politique,** 5ᵉ éd. 4 v. in-8. 15 fr.
— **Cours de droit constitutionnel,** 2ᵉ édition. 4 vol. in-8. . . . . 15 fr.

STOURM (R.), de l'Institut. **Les systèmes généraux d'impôts.** 3ᵉ édition, revisée et mise au courant. 1 vol. in-8 . . . . 10 fr.
— *Cours de finances.* **Le budget, son histoire et son mécanisme.** 7ᵉ édition, revue et mise au courant. 1 vol. in-8. . . . . 10 fr.

VILLEY (Ed.). **Principes d'économie politique.** 3ᵉ édit. 1 vol. in-8. 10 fr.

WEULERSSE (G.). **Le mouvement physiocratique en France de 1856 à 1870.** 2 vol. in-8 . . . . 25 fr.

BIBLIOTHÈQUE DES SCIENCES MORALES ET POLITIQUES

VOLUMES RÉCEMMENT PUBLIÉS.

GEORGES-CAHEN. **Le logement dans les villes.** 1 vol. in-16. . 3 fr. 50

Concentration des entreprises industrielles et commerciales (La), par A. Fontaine, L. March, P. de Rousiers, F. Samazeuilh, A. Sayous, G. Veillat, P. Weiss. 1 vol. in-16. . . . . 3 fr. 50

DUGUIT (L.). **Les transformations générales du droit privé depuis le code Napoléon.** 1 vol. in-16. . . . . 3 fr. 50

Femme (La). *Sa situation réelle. Sa situation idéale,* par J. A. Thomson, Mᵐᵉ Thomson, Mˡˡᵉ L. I. Lumsden, Mᵐᵉ Lendrum, Mˡˡᵉ Sheavyn, M. T. S. Clouston, Mᵐᵉ F. Melville, Mˡˡᵉ E. Pearson, M. R. Lodge, Préface de Sir Oliver Lodge. 1 vol. in-16. . . . . 3 fr. 50

Grands marchés financiers (Les). *France (Paris et province), Londres, Berlin, New-York,* par A. Aupetit, L. Brocard, J. Armagnac, G. Delamotte, G. Aubert. 1 vol. in-16. . . . . 3 fr. 50

GUYOT (Yves). **La gestion par l'Etat et les municipalités.** 1 vol. in-16 . . . . 3 fr. 50

LANESSAN (J.-L. de). **Nos forces militaires.** 1 vol. in-16. . . 3 fr. 50

LAYCOCK (F. U.). **L'économie politique dans une coque de noix.** Trad. par Mlle Didier. Introduction de *Yves Guyot.* 1 vol. in-16. . 3 fr. 50

MORIDE (P.). **Les maisons à succursales multiples** *en France et à l'étranger.* 1 vol. in-16. . . . . 3 fr. 50

PAYEN (E.). **La réglementation du travail réalisée ou projetée.** *Ses illusions, ses dangers.* 1 vol. in-16. . . . . 3 fr. 50

VANDERVELDE (E.). **La coopération neutre et la coopération socialiste.** 1 vol. in-16. . . . . 3 fr. 50

PRÉCÉDEMMENT PARUS

ANTONELLI (E.). **Les actions de travail dans les sociétés anonymes à participation ouvrière.** Préface d'Aristide BRIAND. 1 vol. in-16.　2 fr. 50

AUCUY (M.). **Les systèmes socialistes d'échange.** 1 vol. in-16.　3 fr. 50

BASTIAT (Frédéric). **Œuvres complètes,** précédées d'une *Notice sur sa vie et ses écrits.* 7 vol. in-18. . . . . 24 fr. 50
　　I. *Correspondance. — Premiers écrits.* 3ᵉ édition, 3 fr. 50; — II. *Le Libre-Échange.* 3ᵉ édition, 3 fr. 50; — III. *Cobden et la Ligue.* 4ᵉ édition, 2 fr. 50; — IV et V. *Sophismes économiques. — Petits pamphlets.* 6ᵉ édit. 2 vol. ensemble, 7 fr.; — VI. *Harmonies économiques.* 9ᵉ édition, 3 fr. 50; — VII. *Essais. — Ébauches. — Correspondance.* . . 3 fr. 50

BELLET (D.). **Le chômage et son remède.** Préface de Paul LEROY-BEAULIEU. 1 vol. in-16. . . . . 3 fr. 50

BOURDEAU (J.). **Entre deux servitudes.** *Démocratie, socialisme, syndicalisme, impérialisme,* etc. 1 vol. in-16. . . . . 3 fr. 50

BROUILHET (Ch.). **Le conflit des doctrines dans l'économie politique contemporaine.** 1 vol. in-16. . . . . 3 fr. 50

CHALLAYE. **Syndicalisme révolutionnaire et syndicalisme réformiste.** 1 vol. in-16. . . . . 2 fr. 50

COURCELLE-SENEUIL (J.-G.). **Traité théorique et pratique d'économie politique.** 3ᵉ édit. 2 vol. in-18. . . . . 7 fr.

— **La société moderne.** 1 vol. in-18. . . . . 5 fr.

DEPUICHAULT. **La fraude successorale par le procédé du compte-joint.** Préface de M. Paul LEROY-BEAULIEU. 1 vol. in-16 . . 3 fr. 50

DOLLEANS. **Robert Owen (1771-1858).** 1 vol. in-18. . . . . . 3 fr. 50

DUGUIT (L.) **Le droit social, le droit individuel et la transformation de l'Etat.** 1 vol. in-16, 2ᵉ édit. . . . . 2 fr. 50

EICHTHAL (E. D'), de l'Institut. **La liberté individuelle du travail et les menaces du législateur.** 1 vol. in-16. . . . . 2 fr. 50

Forces productives de la France (Les), par MM. P. BAUDIN, P. LEROY-BAULIEU, MILLERAND, ROUME, J. THIERRY, E. ALLIX, J.-C. CHARPENTIER, H. DE PEYERIMHOFF, P. DE ROUSIERS, D. ZOLLA. 1 vol. in-16. 3 fr. 50

GAUTHIER (A.-E.), sénateur, ancien ministre. **La réforme fiscale par l'impôt sur le revenu.** 1 vol. in-18. . . . . 3 fr. 50

GUYOT (Yves). **Les chemins de fer et la grève.** 1 vol. in-16. 3 fr. 50

LACHAPELLE (G.). **La représentation proportionnelle en France et en Belgique.** 1 vol. in-16. . . . . 3 fr. 50

LESEINE (L.) et SURET (L.). **Introduction mathématique à l'étude de l'économie politique.** 1 vol. in-16 avec figures. . . . . 3 fr.

LIESSE. professeur au Conservatoire des arts et métiers. **La statistique, ses difficultés, ses procédés, ses résultats.** 2ᵉ éd. 1 vol. in-18. 2 fr. 50

— **Portraits de financiers.** OUVRARD, MOLLIEN, GAUDIN, BARON LOUIS, CORVETTO, LAFFITE, DE VILLÈLE. 1 vol. in-18. . . . . 3 fr. 50

MARGUERY (E.). **Le droit de propriété et le régime démocratique.** 1 vol. in-18. . . . . 2 fr. 50

MAURY (F.). **Le port de Paris.** 3ᵉ édit. 1 vol. in-16. . . . . 3 fr. 50

MERLIN (R.), biblioth. archiviste du Musée social. **Le contrat de travail, les salaires, la participation aux bénéfices.** 1 v. in-18. . . 2 fr. 50

MILHAUD (Mlle Caroline). **L'ouvrière en France.** 1 vol. in-18. 2 fr. 50

MILHAUD (E.). **L'imposition de la rente.** *Les engagements de l'Etat, les intérêts du crédit public, l'égalité devant l'impôt.* 1 vol. in-16. 3 fr. 50

MOLINARI (G. DE). **Questions économiques à l'ordre du jour.** In-18. 3 fr. 50

— **Les problèmes du XXᵉ siècle.** 1 vol. in-18. . . . . 3 fr. 50

— **Théorie de l'évolution.** *Economie de l'histoire.* 1 vol. in-16. 3 fr. 50

NOUEL (R.). **Les sociétés par actions,** *leur réforme,* préface de P. BAUDIN. 1 vol. in-16. . . . . 3 fr. 50

PAWLOWSKI (A.). **La Confédération générale du travail.** Préface de J. BOURDEAU. 1 vol. in-16. . . . . 2 fr. 50

— **Les syndicats jaunes.** 1 vol. in-16 . . . . 2 fr. 50

— **Les syndicats féminins et les syndicats mixtes en France.** 1 vol. in-16. . . . . 2 fr. 50

PIC (P.), prof. à la Faculté de droit de Lyon. La protection légale des travailleurs et le droit international ouvrier. 1 vol. in-16 . . 2 fr. 50

Politique budgétaire en Europe (La), par MM. A. LEBON, G. BLONDEL, R.-G. LÉVY, A. RAFFALOVICH, C. LAURENT, C. PICOT, H. GANS. 1 vol. in-16 . . . . 3 fr. 50

RICHARD (M.). Le régime minier. 1 vol. in-16. . . . . 3 fr. 50

STUART MILL (J.). Le gouvernement représentatif. Traduction et *Introduction*, par M. DUPONT-WHITE. 3e édition. 1 vol. in-18. 4 fr.

COLLECTION
D'AUTEURS ÉTRANGERS CONTEMPORAINS

Histoire — Morale — Économie politique — Sociologie

Format in-8. (Pour le cartonnage, 1 fr. 50 en plus.)

BAMBERGER. — Le Métal argent au XIXe siècle. . . . . 6 fr. 50

C. ELLIS STEVENS. — Les Sources de la Constitution des États-Unis *étudiées dans leurs rapports avec l'histoire de l'Angleterre et de ses Colonies*. Traduit par LOUIS VOSSION. . . . . 7 fr. 50

GOSCHEN. — Théorie des Changes étrangers. Traduction et préface de M. LÉON SAY. *Quatrième édition française* suivie du *Rapport de 1875 sur le paiement de l'indemnité de guerre*, par le même. . 7 fr. 50

HOWELL. — Le Passé et l'Avenir des Trade Unions. *Questions sociales d'aujourd'hui*. Trad. et préf. de M. LE COUR GRANDMAISON. 5 fr. 50

KIDD. — L'évolution sociale. Traduit par M. P. LE MONNIER. 7 fr. 50

RUMELIN. — Problèmes d'Économie politique et de Statistique. 7 fr. 50

SCHULZE GAVERNITZ. — La grande Industrie. . . . . . . 7 fr. 50

W. A. SHAW. — Histoire de la Monnaie (1252-1894). . . . . . 7 fr. 50

THOROLD ROGERS. — Histoire du Travail et des Salaires en Angleterre depuis la fin du XIIIe siècle. . . . . 7 fr. 50

WESTERMARCK. — Origine du Mariage dans l'espèce humaine. 11 fr.

DICTIONNAIRE DU COMMERCE
DE L'INDUSTRIE ET DE LA BANQUE

DIRECTEURS :
MM. Yves GUYOT et Arthur RAFFALOVICH

2 volumes grand in-8. Prix, brochés. . . . . 50 fr.
— — reliés. . . . . 58 fr.

NOUVEAU DICTIONNAIRE
D'ÉCONOMIE POLITIQUE
PUBLIÉ SOUS LA DIRECTION DE
M. LÉON SAY et de M. JOSEPH CHAILLEY-BERT
Deuxième édition.

2 vol. grand in-8 raisin et un Supplément : prix, brochés. . . . . . 60 fr.
— — demi-reliure chagrin. . . . . 69 fr.

COMPLÉTÉ PAR 3 TABLES : Table des auteurs, Table méthodique et Table analytique.

PETITE BIBLIOTHÈQUE
ÉCONOMIQUE
FRANÇAISE ET ÉTRANGÈRE
PUBLIÉE SOUS LA DIRECTION DE M. J. CHAILLEY-BERT

Prix de chaque volume in-32, orné d'un portrait
Cartonné toile. . . . . **2 fr. 50**

18 volumes publiés :

I. — VAUBAN. — **Dîme royale**, par G. Michel.

II. — BENTHAM. — **Principes de Législation**, par Mⁱˡˢ Raffalovich.

III. — HUME. — **Œuvre économique**, par Léon Say.

IV. — J.-B. SAY. — **Économie politique**, par H. Baudrillart, de l'Institut.

V. — ADAM SMITH. — **Richesse des Nations**, par Courcelle-Seneuil, de l'Institut. 2ᵉ édit.

VI. — SULLY. — **Économies royales**, par J. Chailley-Bert.

VII. — RICARDO. — **Rentes, Salaires et Profits**, par P. Beauregard, de l'Institut.

VIII. — TURGOT. — **Administration et Œuvres économiques**, par L. Robineau.

IX. — JOHN STUART MILL. — **Principes d'économie politique**, par L. Roquet.

X. — MALTHUS. — **Essai sur le principe de population**, par G. de Molinari.

XI. — BASTIAT. — **Œuvres choisies**, par de Foville, de l'Institut. 2ᵉ édit.

XII. — FOURIER. — **Œuvres choisies**, par Ch. Gide.\

XIII. — F. LE PLAY. — **Économie sociale**, par F. Auburtin. Nouvelle édit.

XIV. — COBDEN. — **Ligue contre les lois-céréales et Discours politiques**, par Léon Say, de l'Académie française.

XV. — KARL MARX. — **Le Capital**, par Vilfredo Pareto. 4ᵉ édit.

XVI. — LAVOISIER. — **Statistique agricole et projets de réformes**, par Schelle et Ed. Grimaux, de l'Institut.

XVII. — LÉON SAY. — **Liberté du Commerce, finances publiques**, par J. Chailley-Bert.

XVIII. — QUESNAY. — **La Physiocratie**, par Yves Guyot.

Chaque volume est précédé d'une introduction et d'une étude biographique, bibliographique et critique sur chaque auteur.

BIBLIOTHÈQUE
DE LA
LIGUE DU LIBRE ÉCHANGE

Prix de chaque vol. in-32, cartonné toile. . . . . . . 2 fr.

Volumes parus :

GUYOT (Yves). L'A B C du libre-échange.
SCHELLE (G.). Le bilan du protectionnisme en France.

HISTOIRE UNIVERSELLE DU TRAVAIL

PUBLIÉE SOUS LA DIRECTION

de **G. RENARD**, professeur au Collège de France.

Sera publiée en 12 volumes

Chaque volume in-8, avec gravures. . . . . **5 fr.**

Volumes parus :

NOGARO (B.) et OUALID (W). L'évolution du commerce, du crédit
et des transports depuis cent cinquante ans. 1 vol. avec 28 gravures

PAUL LOUIS. Le travail dans le monde romain. 1 vol. avec 41 gravures.

RENARD (G.) et DULAC (A.). L'évolution industrielle et agricole
depuis cent cinquante ans. 1 vol. avec 34 gravures.

REVUE PHILOSOPHIQUE

DE LA FRANCE ET DE L'ÉTRANGER

DIRIGÉE par **Th. RIBOT**

Membre de l'Institut, Professeur honoraire au Collège de France.

39e année, 1914. — PARAIT TOUS LES MOIS.

Abonnement :

Un an, du 1er janvier : Paris, **30** fr. ; Départ. et Etranger, **33** fr.
La livraison, **3** fr.

JOURNAL DES ÉCONOMISTES

73e ANNÉE, 1914.

Parait le 15 de chaque mois par fasc. grand in-8 de 180 à 192 pages.

RÉDACTEUR EN CHEF : **M. YVES GUYOT**

Ancien ministre,
Président de la Société d'Economie politique.

ABONNEMENT :

France et Algérie : UN AN........ **36** fr.; SIX MOIS....... **19** fr.
Union postale : UN AN............ **38** fr.; SIX MOIS....... **20** fr.
LE NUMÉRO................. **3** fr. **50**

Les abonnements partent de Janvier, Avril, Juillet ou Octobre.

REVUE HISTORIQUE

Fondée par **G. MONOD**,

Dirigée par MM. Ch. BÉMONT, archiviste paléographe,
et **Chr. PFISTER**, professeur à la Sorbonne.

(39e année, 1914). — Parait tous les deux mois.

Abonnement du 1er janvier, un an : Paris, 30 fr. — Départements et
étranger, 33 fr. — La livraison, 6 fr.

REVUE DU MOIS

DIRECTEUR : **Émile BOREL**, professeur à la Sorbonne.
SECRÉTAIRE DE LA RÉDACTION : A. BIANCONI, agrégé de l'Université.

(9e année, 1914)

ABONNEMENT (DU 1ᵉʳ DE CHAQUE MOIS) :

Un an : Paris, **20** fr. — Départements, **22** fr. — Étranger, **25** fr.
Six mois : —   **10** fr. —   —   **11** fr. —   —   **12** fr. **50**
La livraison, **2** fr. **25**.

REVUE DES ÉTUDES NAPOLÉONIENNES

Publiée sous la direction de M. **Ed. DRIAULT**.

(3e année, 1914). — Paraît tous les deux mois.

ABONNEMENT (du 1ᵉʳ **janvier**). Un an : France, **20** fr. — Étranger, **22** fr.
La livraison, **4** fr.

REVUE DES SCIENCES POLITIQUES

Suite des ANNALES DES SCIENCES POLITIQUES.

(29e année, 1914). — Paraît tous les deux mois.
Rédacteur en chef : **M. ESCOFFIER**
Professeur à l'École des Sciences politiques.

ABONNEMENT : du 1ᵉʳ janvier, Paris **18** fr.; Départ. et Étranger, **19** fr.
La livraison : **3** fr. **50**.

BULLETIN DE LA STATISTIQUE GÉNÉRALE
DE LA FRANCE

(3e année, 1913-1914). — Paraît tous les trois mois.

ABONNEMENT (du 1ᵉʳ octobre). Un an : France et Étranger, **14** fr.
La livraison, **4** fr.

REVUE DES TRIBUNAUX POUR ENFANTS
DOCTRINE, JURISPRUDENCE

SECRÉTAIRES DE LA RÉDACTION : Paul KAHN et Georges TEUTSCH,
avocats à la Cour d'Appel de Paris.

Paraît au minimum 4 fois par an, du 15 novembre au 15 juillet.
ABONNEMENTS : Un an, **5** fr. — La livraison, **1** fr. **50**.
(*Première année, 1914.*)

Abonnements sans frais à la Librairie Félix Alcan, chez tous les libraires et dans tous les bureaux de poste.

226-14. — Coulommiers. Imp. PAUL BRODARD. — P2-14.

www.ingramcontent.com/pod-product-compliance
Lightning Source LLC
LaVergne TN
LVHW021430170726
843501LV00005B/1272